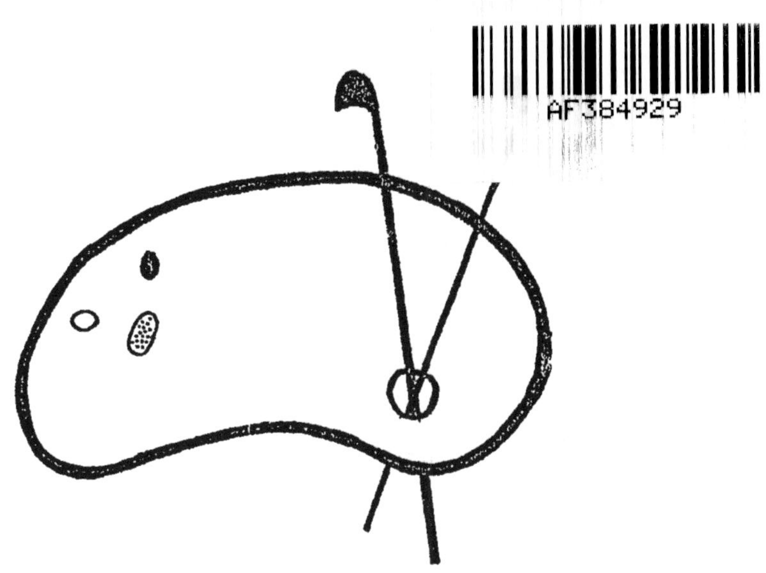

COUVERTURE SUPERIEURE ET INFERIEURE
EN COULEUR

L'EUROPE

DEVANT LA CHINE

PAR

CHARLES GAY.

« La civilisation marche comme les armées. »
NAPOLÉON III.

PARIS

HENRI PLON, IMPRIMEUR-ÉDITEUR,
RUE GARANCIÈRE, 8.

1859

L'EUROPE

DEVANT LA CHINE.

PARIS. — TYPOGRAPHIE HENRI PLON,

IMPRIMEUR DE L'EMPEREUR,

8, rue Garancière

L'EUROPE

DÉVANT LA CHINE

PAR

CHARLES GAY.

La civilisation marche comme les armées.
NAPOLÉON III.

PARIS

HENRI PLON, IMPRIMEUR-ÉDITEUR,
RUE GARANCIÈRE, 8.

1859

AVERTISSEMENT.

Il vient de paraître une brochure qui, dans les circonstances actuelles, ne peut manquer d'être remarquée. Le nom de l'auteur, les travaux qu'il a déjà publiés, sa connaissance approfondie de la langue chinoise, tout, jusqu'à l'imprévu de quelques-uns de ses aperçus, fait de cette œuvre consciencieuse un document plein d'intérêt.

J'ai nommé *la Chine devant l'Europe*, par M. le marquis d'Hervey Saint-Denys.

M. d'Hervey aime la Chine. Je crois avec lui que c'est très-permis. Voltaire l'aimait aussi ; seulement, il l'aimait en philosophe, de confiance, et, je suppose, parce qu'elle avait chassé les jésuites. M. d'Hervey l'aime en savant, comme quelqu'un qui la connaît. S'il n'a pas l'autorité d'un témoin oculaire, personne ne lui refusera celle d'un juge compétent. L'extrême Orient a produit tant de richesses littéraires et ces richesses sont si peu connues, qu'on peut l'explorer sans voyager. C'est au fond de son cabinet que le célèbre Klaproth, à cinq mille lieues du théâtre de ses recherches, découvrait il y a quelques années l'archipel de Jean Potocki.

M. d'Hervey est de l'école un peu enthousiaste de M. Abel Rémusat. Je serais plutôt de celle de Montesquieu. C'est encore très-permis. Or, voici ce qu'il pensait de la Chine :

« On nous parle du vaste empire de la Chine comme d'un gouvernement admirable qui mêle ensemble, dans son principe, la crainte, l'honneur et la vertu. J'ai donc posé une distinction vaine lorsque j'ai établi les principes des trois gouvernements.

» J'ignore ce que c'est que cet honneur dont on parle chez des peuples à qui on ne fait rien faire qu'à coups de bâton [1].

» De plus il s'en faut beaucoup que nos commerçants nous donnent l'idée de cette vertu; on peut les consulter sur les brigandages des mandarins.

---

[1] C'est le bâton qui gouverne la Chine, nous dit le père Duhalde (citation de Montesquieu).

Je prends encore à témoin le grand homme milord Anson.

» D'ailleurs, les lettres de P. Parennin sur le procès que l'Empereur fit faire à des princes du sang néophytes qui lui avaient déplu font voir un plan de tyrannie constamment suivi et des injures faites à la nature humaine avec règle, c'est-à-dire de sang-froid.

» . . . . . . On a voulu faire régner les lois avec le despotisme; mais ce qui est joint avec le despotisme n'a pas de force. En vain ce despotisme, pressé par ses malheurs, a-t-il voulu s'enchaîner; il s'arme de ses chaînes et devient plus terrible encore [1]. »

Voilà ce qu'écrivait, en 1748, l'immortel auteur de l'*Esprit des lois*. Peut-être dès lors ai-je le droit d'éprouver peu de sympathie pour cette civilisation chinoise qui compte plus d'avortements que de progrès, qui a résolu le difficile problème d'une immobilité de quatre mille ans, ce pays du despotisme et de la stérilité.

A mon tour, je veux essayer d'en faire le tableau. Je veux essayer encore, quand on nous conseille l'isolement et l'abstention, de montrer que ce n'est ni digne de la France, ni conforme au grand

---

[1] Montesquieu, l'*Esprit des lois*.

mouvement de notre époque. Tout marche aujour-
d'hui; il nous faut marcher aussi, comme tout le
monde et à la tête de tout le monde. Nous sommes
les soldats de la civilisation.

L'EUROPE
DEVANT LA CHINE.

CHAPITRE PREMIER.

LA CHINE.

Si l'on en excepte le quinzième siècle, je ne crois pas qu'aucune époque de l'histoire puisse être comparée à la nôtre. Jamais l'activité humaine n'a atteint un plus grand développement. On perce l'isthme de Suez, on fait un bosphore de l'isthme de Nicaragua. On parle d'ouvrir un canal au travers de la presqu'île de Malacca. Bien que les espérances qu'avait fait naître l'immersion du câble transatlantique aient été promptement déçues, nul doute qu'un avenir prochain n'en assure la complète réalisation. L'Angleterre paraît si peu découragée par ce premier essai, qu'elle s'occupe sérieusement de l'établissement d'un télégraphe électrique qui, passant par la mer Rouge, doit la

mettre en communication directe avec ses possessions des Indes. L'Australie elle-même, dont les progrès à peine croyables mériteraient un chapitre à
part, vient d'inaugurer entre Sydney et Victoria son
télégraphe intercolonial, et elle parle de se relier à la
Nouvelle-Zélande. Des travaux analogues se pour-
suivent au Sénégal. Partout les barrières tendent
à disparaître, et ce qui est vrai des continents
et des mers l'est aussi des barrières morales qui
séparaient les nations et les peuples.

En Amérique, nous retrouvons le même mouvement à un degré très-prononcé, et nous assistons
aux développements d'une pensée commune à tous
les gouvernements, la jonction du Pacifique et de
l'Atlantique, soit par un canal, soit par un système de voies ferrées. Tel est le but que poursuit
un de nos compatriotes, M. Félix Belly, le signataire de la convention de Rivas, avec le concours
des républiques de Nicaragua et de Costa-Rica.
On sait qu'il est fortement question d'établir un
gigantesque rail-way qui traverserait tout le con-
tinent américain de Saint-Louis à San-Francisco
sur un parcours de plus de mille lieues. Le tracé
est encore à l'état de discussion, et d'énormes difficultés retarderont longtemps les travaux. Néanmoins, il paraît hors de doute que le projet ne sera
pas abandonné. Le chemin de fer se fera, malgré
le désert et les sauvages, parce que rien n'est impossible dans ce pays d'initiative et d'audace;

parce qu'enfin l'incroyable prospérité de l'Oré-
gon et de la Californie tend à assurer à l'Union
américaine d'incalculables éléments de richesse,
de prospérité et de grandeur. Plus au nord, un
autre projet est à l'étude, non moins hardi, non
moins grandiose; une autre voie ferrée se discute
en ce moment, et celle-là doit traverser tout le
Canada, entre Halifax et Vancouver. Si cette éton-
nante entreprise venait à se poursuivre, la distance de Londres à Pékin serait réduite à trente
jours. Il n'en faudrait que quinze pour atteindre
le Pacifique.

C'est vers ces bords privilégiés que semble se
porter tout le mouvement du dix-neuvième siècle.
Qu'était Sydney il y a quelques années? une colonie pénitentiaire. Elle compte aujourd'hui parmi
les grandes cités du globe. En vingt-cinq ans sa
population s'est presque deux fois décuplée. En
1846, San-Francisco n'avait que 200 habitants,
aujourd'hui c'est une ville de 100,000 âmes. En
1847, le mouvement d'importation et d'exportation y dépassait à peine un demi-million de francs;
en 1853, la seule importation montait à 500,000
tonneaux. L'ancienne et puissante compagnie des
Indes n'en importait pas autant dans cette même
année à Londres et à Liverpool. Tout près de là,
la jeune capitale de la Colombie anglaise s'essaye à marcher sur les traces de ses aînées, à la
faveur de la richesse de son sol, d'une position

exceptionnelle et d'un port qui rivalise avec les plus beaux du monde.

Tournons le dos à ces villes nées d'hier, déjà si florissantes ou qui le seront demain, sentinelles avancées de notre commerce et de notre industrie; jetons un regard au delà de ce même Pacifique. Qu'y voyons-nous?

Un empire aussi grand que l'Europe, avec des provinces grandes comme la France; quatre cents millions d'âmes réparties sur treize millions de kilomètres carrés; un peuple qui a vécu quarante siècles, usé vingt-deux dynasties et près de trois cents souverains. Pendant cette longue période, que d'événements sur notre globe! Que de civilisations disparues, mais aussi que de transformations sociales, toujours progressives! Quel incessant travail de la pensée humaine! Seul, le peuple chinois s'est agité sans marcher; il n'est pas mort, c'est tout ce qu'on peut dire; l'activité de ses huit cents millions de bras n'a produit que la grande muraille; pas une idée n'est sortie de ses révolutions. Il n'avait qu'à se serrer pour étouffer ses envahisseurs, et deux fois il a été conquis; une première fois par les Mongols, c'était permis; une seconde fois par les Mandchoux; ceux-là n'étaient qu'une poignée d'hommes. Afin de dissimuler leur petit nombre, ils lui ont ordonné de se raser la tête à la manière tartare, et il s'est rasé la tête à la manière tartare, il a accepté d'un chef de horde le plus hon-

teux stigmate qui puisse consacrer la servitude
d'une nation; et pour réveiller chez lui une
apparence de patriotisme et de vitalité, il a fallu
qu'un souffle étranger vînt le sortir de sa lé-
thargie.

Comment ce peuple, qui a de l'intelligence,
qui par sa nature est très-supérieur aux autres
Asiatiques, qui ne manque même pas d'un certain courage, en est-il arrivé à ce point de stérilité et d'humiliation ? Comment tant de forces vives
ont-elles été perdues? Comment enfin la plus vieille
civilisation du monde en est-elle aussi la plus ar-
riérée ? On le comprendra peut-être quand on se
sera rendu compte de ses institutions.

« Le régime patriarcal, qui fut celui des premiers
» âges, s'y est maintenu jusqu'à nos jours, au moins
» pour la forme, avec une incroyable immuabilité.
» La base de tout, c'est la famille; non pas la fa-
» mille moderne émancipée par nos lois, mais la
» famille antique despotiquement gouvernée par
» son chef. Le père est absolu dans son intérieur
» comme le gouverneur dans sa province, comme
» l'Empereur dans l'empire. Façonné à l'obéis-
» sance domestique dès le début de sa vie, l'hom-
» me y prend l'habitude de toutes les soumissions.
» La famille est comme le moule où se forme le
» citoyen, et dont il ne sort qu'avec une em-
» preinte ineffaçable.

» On conçoit tout ce qu'un pareil principe, lors-

» qu'il se ramifie à l'infini, lorsqu'il se retrouve par-
» tout dans la société, depuis la base jusqu'au faîte,
» doit donner de force à un gouvernement. Aussi la
» politique des empereurs s'est-elle toujours préoc-
» cupée de le maintenir intact. Le code pénal de la
» Chine en fait foi, et sous le dernier règne, on en
» vit un exemple frappant. Dans une des provinces
» centrales, un homme, de connivence avec sa
» femme, avait maltraité sa mère. Sur un rapport du
» vice-roi, la maison fut démolie et rasée, les deux
» coupables mis à mort, la belle-mère bâtonnée pour
» la complicité de sa fille, les étudiants du district
» retardés de trois ans dans leurs études, tous les
» fonctionnaires, destitués et bannis. Un édit impé-
» rial fit connaître à tout l'empire, en même temps
» que le crime, cet effroyable châtiment. C'est qu'il
» ne s'agissait pas d'un fait isolé, d'un simple dé-
» lit, comme nous pourrions l'envisager. L'élé-
» ment de la société, la base de l'ordre établi, la
» garantie permanente de l'autorité souveraine,
» voilà ce qui se trouvait atteint, et, à côté de
» cette atteinte, il fallait une leçon si sévère, que
» personne ne fût tenté de l'oublier [1]. »

A première vue, est-ce là le modèle des gouvernements? Je ne le crois pas. L'auteur le croit-il
lui-même? Je suis convaincu du contraire, car il
ajoute : « En théorie, c'est l'absolutisme, l'abso-

[1] *La Chine devant l'Europe*, par M. le marquis d'Hervey-Saint-
Denys, p. 14.

» lutisme à tous les étages, à tous les échelons, en
» haut comme en bas, du chef de famille au chef
» de l'État. Mais en fait, dans la pratique, il est
» tempéré de tant de manières, qu'entre les mains
» de l'autorité il devient plutôt un élément de
» pouvoir qu'un instrument de servitude et d'op-
» pression. »

Ainsi, nous dit-on, voyez l'Empereur. Il s'appelle le « Fils du ciel », on lui rend des honneurs
divins; personne ne peut passer devant la porte
extérieure de son palais, ni en voiture ni à che-
val; on reçoit ses dépêches à genoux, en brûlant
de l'encens; il commande à des millions de sujets.
Et cependant, au milieu de tous les attributs de la
souveraine puissance, ce monarque redouté ne
peut faire un pas comme il l'entend. Ses habille-
ments, ses actes, même ses postures et les paroles
qu'il prononce sont réglés par un cérémonial minutieux. L'ordre de ses repas, la nature et la
quantité des aliments qu'on lui sert en chaque saison, en chaque circonstance, sont également dé-
terminés. La dose en est plus grande en cas d'a-
bondance, moindre en cas de disette ou de mal-
heur public. En un mot, sa vie entière est l'accomplissement d'un rite. Au-dessus de lui, il y a les
usages, les prérogatives inattaquables des classes
savantes; il y a surtout les *livres sacrés*, véritable
palladium des franchises de la nation; c'est presque
un souverain constitutionnel.

Eh bien, ouvrons les annales chinoises. Là-bas, où rien ne change, où le lendemain ressemble à la veille, où les siècles passent sans toucher aux institutions, les enseignements de l'histoire ont leur valeur. Cherchons-y quelques-uns de ces souverains constitutionnels. Sera-ce Cheou-sin, qui ordonnait en ces termes la mort d'un censeur incommode : — « On m'a dit que le cœur du sage était percé de sept trous. Je veux m'en assurer. Qu'on lui ouvre le ventre, et qu'on m'apporte son cœur » ? Ou bien l'empereur Li-ouang, dont Sse-ma-tsien nous peint le règne en un mot : « Quand on marchait dans les rues, on n'osait même se regarder » ? Ou bien encore Yéou-wang, esclave couronné d'une courtisane, qui pour amuser sa maîtresse faisait allumer les signaux d'alarme et prendre les armes à tout l'empire ? Tsin-chi-hoang-ti, qui ne se montrait que le sabre à la main, et dont la dynastie pour arriver au trône avait fait en cent ans tomber plus d'un million de têtes ? Ou-héou, cette femme si célèbre, la grande Catherine des Chinois, qui déposséda son fils, et commit plus de meurtres qu'aucun des souverains de l'Asie ? Wen-tsoung, qui, au rebours du sultan Mahmoud, laissait massacrer par ses eunuques, ignobles janissaires d'une cour corrompue, seize cents fonctionnaires de tout grade ? Sera-ce enfin le grand Kang-hi lui-même, le Louis XIV de l'extrême Orient, qui fit décapiter à Canton, sur de simples soupçons, le vice-roi, ses trois frères, et cent douze de ses officiers? Je prends au hasard en feuilletant, car dans ce long nécrologe qu'on appelle l'histoire chinoise, on ne tourne pas dix pages sans rencontrer une tache de sang.

Non, celui qu'on nomme le Fils du ciel, devant lequel on frappe neuf fois la terre de son front, dont on adore le trône, fût-il vide, n'est pas un souverain constitutionnel. Sans doute il est astreint à un certain cérémonial; mais ce cérémonial, on l'a vu, lui laisse encore quelque liberté. J'ignore ce qu'il lui défend de dire, mais je viens de montrer ce qu'il lui permet de faire. Qu'importent les livres sacrés, et l'informe compilation du Chouking, si les préceptes qu'on y trouve n'ont jamais été qu'une lettre morte? Nulle part plus qu'à la Chine on n'a parlé des devoirs des princes, et nulle part les droits des peuples n'ont été plus méconnus. Stérile aveu de l'impuissance d'une société!

Au-dessous de l'Empereur, il y a le principe de la responsabilité : « Le père est responsable de ses enfants, le fonctionnaire de ses subordonnés, le vice-roi de ses préfets. Qu'il y ait des troubles dans un gouvernement, le gouverneur est le plus souvent révoqué. Peu importe qu'il ait fait son devoir; on ne lui demande pas d'avoir raison; on veut que l'empire soit tranquille. Surveillé jusque dans son intérieur par la police secrète des hauts commissaires impériaux, qui sont également responsables de ses actions, il est obligé de surveiller lui-même de la même manière, par le fait de la même responsabilité, les agents qui dépendent de lui[1]. » D'où il suit qu'on pourrait définir le système chinois : l'absolutisme de tous, limité par la responsabilité de chacun ; et, en matière d'administration : la toute-puissance des uns limitée par la police des autres. Nous voilà déjà bien loin du régime patriarcal, puisque la police s'en mêle. Reste à voir comment elle se fait.

Elle se fait si bien qu'on voit chaque jour les abus les plus monstrueux suivis de la plus scandaleuse impunité ; que les exactions des fonctionnaires étonnent les voyageurs européens et confondraient les moins scrupuleux ; elle se fait si bien que des gens sérieux, connaissant la Chine, ont pu hasarder cette thèse étrange : que l'Empereur n'avait jamais eu connaissance des traités signés en son nom depuis 1842 jusqu'à l'année dernière ; elle se fait de telle manière que la France et la Grande-Bretagne se sont armées deux fois pour lui apprendre ce qui se passait chez lui, que leurs canonnières ont poussé jusqu'à vingt lieues de Péking, et que, suivant les mêmes autorités, on doute encore qu'il en ait rien su. Je ne l'affirmerais pas, mais c'est tout dire.

Il semble difficile d'expliquer tant d'abus avec

---

[1] *La Chine devant l'Europe*, passim.

un système qui a pour objet de les prévenir. Faut-il
attribuer cette anomalie à la décadence de la
dynastie tartare, au relâchement des institutions
et des mœurs ? ou bien plutôt le principe même de
la responsabilité, par cela même qu'il est excessif
et immoral, ne devient-il pas nécessairement impuissant ? Les lois iniques n'ont jamais d'efficacité.
Elles désorganisent ; voilà tout. Peut-être le fonctionnaire chinois surveille-t-il ses inférieurs, mais
il commence par acheter ses supérieurs, et comme
il faut bien qu'il se rembourse, plus la corruption
est grande, plus les exactions sont nombreuses. De
là cette vénalité dont je parlais tout à l'heure, et qui
est devenue un principe de gouvernement ; de là
ces transactions honteuses qui associent le voleur
au magistrat, et que la *Gazette de Pé-king*, journal
officiel de l'empire chinois, signalait elle-même en
1819 ; de là enfin ce rapport du vice-président de
la Cour suprême, rapport rendu public et daté de
1836, où l'on conseillait à l'Empereur de lever
l'interdiction de l'opium, l'infidélité de ses agents
ne pouvant la faire respecter.

Si le gouvernement est tel, quelle doit être la
société ? Étonnez-vous que lui aussi, le peuple, soit
corrompu ; que, voyant la justice s'acheter, il n'ait
aucune idée de justice ; que le vol lui paraisse hon-
nête tant qu'il échappe à la répression ; que la plus
effroyable démoralisation se soit étendue sur tout
l'empire ; que le suicide y atteigne des proportions

inouïes; que l'infanticide y soit fréquent et le relâchement des mœurs à peine croyable; que la prostitution s'y pratique en plein jour, et qu'il se dépense, bon an, mal an, 116 millions de fr. dans les « *bateaux de fleurs* » de la seule ville de Canton; étonnez-vous surtout qu'avec une administration comme celle que je viens de décrire, il y ait là-bas, à côté de fortunes inconnues en Europe, des misères dont nous n'avons aucune idée!

Le délabrement des finances, dans un État aussi fortement centralisé que la Chine, contribue puissamment à la détresse publique. En 1833, le budget se soldait avec un déficit de 210 millions de francs. Je n'ai pas les chiffres des dernières années, mais nul doute que ce déficit n'ait dû s'accroître encore. L'effrayante consommation d'opium qui se fait dans l'empire entraîne l'exportation d'une quantité considérable d'espèces métalliques. D'un autre côté les monopoles que le gouvernement s'est réservés ne lui rendent plus qu'un revenu insignifiant.

S'il en est un dont les produits semblent ne devoir jamais tarir, c'est assurément celui du sel, denrée de première nécessité et toujours assurée d'un écoulement certain au milieu des innombrables populations de la Chine. Eh bien, ce monopole même, l'État ne sait comment l'affermer. Il a fallu que l'Empereur imposât d'office la ferme du sel à des négociants enrichis dont il

convoitait la ruine, à peu près comme en d'autres
pays on concède à une compagnie de chemins de
fer qui prospère la faveur d'un embranchement
onéreux. Ce don n'est rien moins que la ruine du
malheureux à qui on l'inflige ; en même temps qu'il
doit satisfaire aux exigences impitoyables du fisc,
il lui faut solder les mandarins locaux chargés de
la police, sans le secours desquels il n'y a pas de
monopole, et ceux-ci, après l'avoir rançonné, reçoi-
vent d'une autre main pour le laisser dépouiller [1].
Il y a quelques années, faute d'argent et d'entre-
tien, le grand canal était à sec ; et comme il n'existe
presque pas de routes, que tous les transports se
font par eau, il est facile de concevoir les pertur-
bations qui devaient en résulter. Qu'on joigne à
cela les vices d'un mauvais régime économique, et
l'on sera moins surpris que la Chine, le pays le
plus favorisé de la nature, celui où l'agriculture
est certainement la plus avancée, soit aussi, par
un de ces contrastes que nous rencontrons à chaque instant, celui où la misère est la plus affreuse.
On a peine à croire ce que les auteurs chinois
nous racontent des années de disette, et je ré-
voquerais en doute les repas de chair humaine
dont nous parle leur histoire, si le fait n'était
confirmé par un de nos sinologues les plus
éminents. Les routes, les fossés, les champs, sont

[1] *Revue des Deux-Mondes*. La question chinoise, par M. de
Mars (1er juin 1857).

alors semés d'agonisants et de cadavres [1]. Même
dans les années ordinaires, les chiens, les chats,
les rats eux-mêmes, sont des aliments d'un usage
habituel [2]. Un dixième de la population ne vit que
de poisson. Souvent, au bord d'un chemin, on
aperçoit un malheureux, avec un peu de riz dans
un vase; sa famille l'a laissé là, ne pouvant plus
le nourrir: quand sa petite provision sera épuisée,
il mourra, et tout sera dit. J'emprunte ce détail à
une lettre très-curieuse de sir John Bowring, ancien
gouverneur de Hong-kong. Sans doute, l'aggloméra-
tion est énorme et il faut en tenir compte; mais
il ne faut pas non plus l'exagérer. La population
ne dépasse pas 288 habitants par mille carré; c'est
comme en Angleterre, tandis qu'en Irlande et dans
les Pays-Bas elle atteint, pour une égale superficie,
le chiffre bien plus considérable de 800 habitants.

Et ce peuple qui passe par de pareilles crises,
ce peuple qui souffre de la faim, il se développe
sur 1,500 lieues de côtes, il a devant lui le Pacifique, l'Océanie et tous ses magnifiques archipels.
Déjà, malgré les entraves qui ont pour objet d'empêcher l'émigration, on compte dans le royaume
de Siam près de 2,000,000 de Chinois; dans les
îles de la Sonde, ils sont plus de 40,000. Beaucoup prennent la route de l'Australie, des Philip-

[1] *La Chine devant l'Europe*, p. 10.
[2] *Id.*

pines et des Sandwich. Sous l'empire de lois moins barbares, ce n'est pas en esclaves volontaires, c'est en maîtres du sol qu'ils eussent peuplé ces îles. Ils eussent relevé l'empire des souverains de Java, bien ignoré sans doute d'un grand nombre de mes lecteurs, mais qui cependant, déjà mentionné par Ptolémée, était encore si puissant au huitième siècle; à Bornéo, dans les Célèbes, les Moluques, les Philippines, ils eussent remplacé la race malaise; connaissant la boussole au temps d'Homère, longtemps avant que Rome fût fondée, ils pouvaient pousser plus loin, poser le pied sur le sol du nouveau monde, et Christophe Colomb, qui croyait voguer vers la Chine, ne se fût qu'à moitié trompé. Ils le pouvaient à loisir, car, si long que fût le trajet, ils avaient des siècles pour le parcourir. Et de tout cela, rien n'a été. L'émigration est interdite ; elle ne se fait que par fraude, malgré la police, ou en l'achetant [1]. Ainsi l'a voulu la politique des empereurs, afin d'isoler ce vieux monde qu'elle avait si bien façonné.

On a beaucoup écrit sur la secte des lettrés; on a même un peu plaisanté, et pas toujours à leurs dépens. « Toutes les fonctions sont au concours, nous dit M. Abel Rémusat, et jusqu'aux plus

[1] *Sept années en Chine*, par Pierre Dobel, conseiller de collége au service de Russie, et ancien consul de cette puissance aux îles Philippines.

hautes charges de l'État, il n'y en a aucune pour laquelle on ne soit obligé de faire preuve de talents distingués. Il en résulte, malgré les abus inséparables de toute institution humaine, que le mérite est plus sûrement mis en évidence, et que l'homme qui obtient un emploi n'est pas toujours celui qui a fait le plus de visites ou fait valoir les meilleures protections. Je ne puis m'empêcher de songer un moment à l'effet que produirait ce système, si jamais il s'établissait en Europe. Tout le monde se trouvant obligé d'avoir au moins les premières notions de son état, il faudrait connaître les lois existantes avant d'en proposer de nouvelles, étudier l'histoire de son pays avant de songer à en réformer la constitution. Bien des critiques qui raisonnent sur les sciences se verraient contraints de les apprendre, et il y en a qui se trouveraient dans le cas de subir un examen sur l'encyclopédie. Que de gens parleraient qui sont maintenant réduits à se taire! Que d'autres se tairaient qui sont en possession de parler! Ce serait vraiment un bouleversement général[1]. »

Tout cela est-il bien sérieux? Avons-nous beaucoup à envier aux institutions chinoises? Pour ma part, je ne les envie pas. J'ignore si les lettrés font peu de visites, mais je sais qu'ils dépensent beaucoup d'argent; je sais que les dignités, les

____

[1] *Mélanges posthumes.* 1re lettre, sur le régime des lettrés, p. 332.

titres honorifiques et scientifiques sont vendus à l'encan pour subvenir aux besoins du trésor. N'en fût-il pas ainsi, j'aurais encore peu d'enthousiasme pour ces classes prétendues savantes, qui n'ont aucune idée des sciences, qui sont moins au fait de leur époque que de l'histoire de l'empereur Yao, un souverain qui régnait à la Chine quelques cent ans après le déluge ; et, si je n'avais montré comment les emplois sont remplis, je condamnerais le système rien qu'à la manière dont on les obtient.

Je transcris une dissertation qui valut à son auteur, avec deux ou trois autres du même genre, le brevet d'aptitude à tous les emplois de la monarchie, y compris la magistrature et les ponts et chaussées. Cette pièce est de 1849. Il y avait plus de trois mille concurrents. Soixante-dix ou quatre-vingts furent seuls admis. L'examen se passait devant des commissaires impériaux envoyés tout exprès au chef-lieu de la province, et le sujet était celui-ci : « Le peuple est vertueux quand l'exem-» ple lui vient des grands. » Thème singulier, lorsqu'on a lu ce qui précède. Mais dans ce pays où tout avorte il en est de la vertu comme des devoirs des princes : on en parle, et cela suffit.

» Quand les classes supérieures sont réellement vertueuses, le peuple le devient inévitablement, et bien que l'accomplissement sincère de leurs devoirs par les supérieurs ne provienne pas du désir d'exciter le peuple à la vertu, cependant le peuple devient vertueux, ce qui prouve la contagion du bon exemple. De même que la bienveillance est le principe supérieur de tout bon gouvernement dans le monde, de même la bienveillance est le principe supérieur d'où émanent chez le peuple tous les devoirs de relation. Si l'on remonte à la source de ce principe, on trouve que les sentiments de bienveillance se rapportent à un premier ancêtre: puis ils se ramifient et s'étendent aux cent générations à venir. Le père et la mère sont pour chacun de nous la source de l'existence personnelle; les relations qui en résultent et qui tirent leur existence du ciel sont très-intimes. Il n'y a aucune distinction entre ceux qui sont nobles et ceux qui ne le sont pas. Un même sentiment s'étend à tous. Mes pensées se reportent maintenant à celui qui est placé dans une situation élevée et qui peut être appelé un homme de bien. L'homme de bien placé dans une situation élevée doit montrer la pratique de la vertu, mais la manière d'y arriver est de commencer par ses propres parents et d'accomplir envers eux tous ses devoirs. Dans l'antiquité, les esprits du peuple n'étaient pas encore altérés. Comment n'ont-ils pas été humbles et n'ont-ils pas observé leurs devoirs respectifs quand on leur enseignait les principes des cinq relations sociales? Puisqu'il en a été ainsi, il est évident que la moralisation du peuple repose entièrement sur l'accomplissement sincère des devoirs respectifs imposés aux hommes. L'homme dans une situation élevée qui mérite le nom d'homme de bien est celui qui donne le mieux l'exemple des devoirs de relation.

» La différence entre une personne qui occupe un poste élevé et une personne du commun peuple consiste dans la différence de leur position, et non dans la différence des sentiments naturels; mais le commun peuple ne manque pas de remarquer si les personnes qui sont dans une position élevée accomplissent sincèrement leurs devoirs respectifs. Quand on est à la tête d'une famille et chargé de maintenir l'ordre parmi les personnes dont elle se compose, on devrait observer avec la plus grande attention les règles de la bienséance et les rites. Une réception élégante, une table bien proprement arrangée, une chanson joyeuse, ne sont que de pures formes pour quelques-uns; l'homme de bien y voit, au contraire, la manifestation d'un sentiment dicté par le ciel, etc. »

J'ai peur de me répéter et de tourner sans cesse dans le même ordre d'idées; autrement, je dirais de l'intelligence ce que j'ai déjà dit de bien d'autres choses. Nulle part elle n'a joui d'autant de priviléges, et nulle part, à quelque point de vue qu'on se place, elle ne les a si peu mérités. Sans doute, la Chine s'honore de lettrés célèbres, comme Sse-ma-tsien et Ma-touan-lin; de philosophes très-

vantés, comme Confucius et Meng-tseu. Je suis loin
de le contester ou de le nier. Je me borne à regretter qu'on les compte. Et puis je leur eusse voulu
moins de faveurs avec plus d'indépendance. Confucius lui-même, tout en prêchant aux princes les
doctrines du bon Yao, s'accommodait assez de leur
somptueuse hospitalité. C'était au temps des Tchéou,
quand vingt-sept feudataires, couverts de sang et
de crimes, s'arrachaient les lambeaux de l'empire.
Il y avait du courtisan dans ce philosophe, de
l'homme de cour dans ce réformateur. Rien n'est
plus caractéristique à mon sens et ne peint mieux
les lettrés chinois. Quand on connaît le maître, ce
hardi génie dont la Chine est si fière, on conçoit
que d'obscurs disciples n'aient pas causé de grands
embarras, qu'ils aient plus servi le pouvoir qu'ils
n'ont éclairé les peuples, et que, s'ils ont fourni
quelques victimes aux hécatombes de leur histoire,
ils se soient faits les adulateurs de l'impératrice
Ou-héou.

Avec des institutions comme celles qu'on vient
de voir, avec cette hiérarchie dans l'absolutisme,
cette responsabilité des fonctionnaires, ce système
de barrières et d'isolement, cette espèce de complicité des classes savantes, il semble que peu de
gouvernements aient paru dans le monde avec autant de garanties de stabilité. Telle fut assurément
la pensée du législateur, mais rien n'est immobile
ici-bas, pas même les dynasties chinoises. Vingt-

deux révolutions ont bouleversé l'empire; on ne compte pas les guerres civiles. L'histoire chinoise est ce qu'est la nôtre, toute pleine de convulsions sanglantes. Seulement, nos révolutions ont été fécondes, les siennes ont été stériles; nos convulsions marchent de pair avec nos développements et nos élans, les siennes l'ont déchirée sans rien produire. Ce régime ne lui a pas donné la paix, et il lui a ôté la vie. Il a tout tari, ses richesses comme ses progrès; et c'est ainsi que la Chine, qui possédait la boussole plus de deux mille ans avant l'Europe, attend toujours ses navigateurs; c'est ainsi qu'un jésuite lui fondit ses premiers canons, quand elle avait inventé la poudre dès le commencement du treizième siècle, et qu'une partie de ses impôts se paye encore en nature, quand au temps de Jules César elle connaissait le papier-monnaie.

CHAPITRE DEUXIÈME.

Les navigateurs portugais parurent les premiers dans les mers de Chine. Ils y arrivèrent en 1537, cent et quelques années après avoir pour la première fois reconnu les îles Canaries, découvrant en chemin le cap Bojador, les Açores, le Sénégal, le cap de Bonne-Espérance, magnifiques étapes qui leur ouvraient de nouveaux océans. Ils y rencontrèrent les Arabes, établis à Canton depuis le huitième siècle, et qui, eux aussi, avec cette force d'expansion qui caractérise les peuples asiatiques, quand ils ne sont pas le peuple chinois, un siècle à peine après Mahomet, s'étaient déjà répandus sur la moitié du globe; ils y trouvèrent une population de contrebandiers, des mandarins avides, des autorités hostiles, et, pour l'usage des étrangers, le singulier code que voici.

« C'est une maxime fondamentale du gouvernement chinois », nous dit le P. Prémare, dont personne ne contestera l'autorité, car il a vécu quarante-sept ans dans le pays, « que les barbares sont comme des animaux et ne doivent point être gouvernés de la même manière que les sujets de l'empire. Si l'on essayait de les diriger au moyen des grandes maximes de la raison, il ne s'ensuivrait autre chose que du trouble. Les anciens rois l'ont bien compris; c'est pourquoi ils ont gouverné les barbares par le désordre. Ainsi donc, gouverner les barbares par le désordre est la véritable et la meilleure manière de les gouverner [1]. » Partant de ce principe, on refusait aux étrangers le bénéfice des lois chinoises, et en cas d'homicide même involontaire, ce que nous appelons homicide par imprudence, ils étaient impérieusement réclamés, livrés au bourreau, puis exécutés sans jugement. J'en citerai plus loin des exemples.

Si inique que fût cette législation, les Portugais s'y soumirent. Ils fondèrent leur établissement de Macao, dans la rivière de Canton, le seul que les Européens aient eu en Chine jusqu'à l'acquisition de Hong-kong, en 1843. Il est vrai qu'ils l'achetaient au prix de conditions assez dures; ils reconnaissaient ne le tenir que de la tolérance de l'Empe-

---

[1] « Barbari haud secus ac pecora, non eodem modo regendi sunt ut reguntur Sinæ. Si quis vellet eos magnis sapientiæ legibus instruere, nihil aliud quam summam perturbationem induceret. Antiqui reges istud optime callebant, et ideo barbaros *non regendo* regebant. Sic autem eos *non regendo* regere, præclara eos optime regendi ars est. »

reur, et, à ce titre, lui payaient un tribut qu'ils payent encore aujourd'hui ; le nombre des navires qu'ils pouvaient faire entrer dans le port était limité ; enfin un mandarin chinois devait administrer la population indigène. De telles conditions n'étaient pas brillantes ; je n'ai pas besoin d'ajouter qu'elles s'aggravèrent chaque jour de ces avanies sans nombre, de ces humiliations mesurées, je dirais presque savantes, tant elles échappent aux réclamations, dont le génie chinois a seul l'instinct et le secret.

Ce n'est qu'en 1644 que nous voyons les Anglais se fixer définitivement à Canton. Ils s'y trouvèrent en présence d'incessantes difficultés, suscitées en partie par le mauvais vouloir des Portugais, qui, plus anciens dans le pays, voulaient écarter la concurrence. Les autorités du port renchérissaient, cela va sans dire, trop heureuses d'une rivalité qui servait leur politique. En vain le commerce britannique essaya-t-il de réclamer jusqu'à l'Empereur ; on lui répondit que des oiseaux et des animaux étrangers, *strange fowls and beasts*, seraient les bienvenus à Pé-king ; les oiseaux furent envoyés, mais les restrictions n'en continuèrent pas moins, d'autant plus multipliées qu'on les supportait plus docilement. Toutes les affaires, de quelque nature qu'elles fussent, se traitaient par l'intermédiaire des marchands hongs, sorte de corporation privilégiée qui avait seule le monopole du commerce, et l'on conçoit les abus qui devaient en résulter. Il est vrai que les mandarins y trouvaient l'avantage de s'éviter tout contact avec les étrangers, et, en rendant les marchands hongs responsables de leurs clients, de pouvoir les pressurer en proportion de leurs bénéfices.

En 1754, la position était à peu près intenable : on pillait les marchandises en rivière ; sur le plus léger prétexte, on empêchait le débarquement des navires ; le gouvernement lui-même, dans le but d'ameuter la populace, et Dieu sait ce que c'est que la populace de Canton, faisait afficher en ville des placards injurieux, où il accusait les Européens de crimes imaginaires. Grâce à l'institution des hongs, les autorités étaient inabordables. Les Anglais songèrent sérieusement à quitter Canton et à chercher plus au nord d'autres marchés et d'autres débouchés. Ning-po, peu éloignée des bouches du Yang-tse-kiang, leur parut un point favorable; ils y furent parfaitement reçus et y établirent une factorerie qui était en pleine prospérité, quand un ordre du vice-roi vint tout remettre en question. Le commerce fut interdit, la factorerie détruite; les marchands indigènes, coupables d'avoir fréquenté des étrangers, durent quitter la ville, bien que le gouverneur de Ning-po y eût prêté les mains. Que devint ce dernier? On l'ignore. Mais il est probable qu'il paya cher son indulgence et ses bons procédés. M. Flint, un Anglais très-intelligent, qui connaissait parfaitement la langue chinoise et qui avait fondé l'établissement de Ning-po, voulut tenter d'en appeler à l'Empereur. Un moment, il crut avoir réussi : on le renvoya assez honorablement, avec toutes sortes de promesses, pour le faire arrêter à Canton quelques jours après son retour. Il resta prisonnier du mois de mars 1760 au mois de novembre 1762 [1], et l'on vit ce fait à peine croyable d'un sujet britannique arrêté contre toute espèce de droit des gens, et détenu pendant près de trois ans, sans qu'aucune satisfaction fût demandée! La compagnie des Indes était encore en possession de son privilége; elle commerçait seule avec la Chine, et l'intérêt la rendait patiente. Tandis qu'elle allait de concession en concession, l'orgueil chinois allait chez les magistrats jusqu'à l'insulte, chez la populace jusqu'aux violences. Moins on se formalisait d'un côté, plus on exigeait de l'autre. En Chine, il en sera toujours de même, et le seul moyen d'obtenir des concessions, c'est de n'en jamais consentir.

La suite le prouva surabondamment. Jusque-là on avait réservé les tracasseries de tout genre aux bâtiments marchands. Un beau jour il prit fantaisie aux autorités de Canton de prélever les droits d'entrée sur un vaisseau de guerre, l'*Argo*, de la marine royale britannique. C'était sans précédent. Le

---

[1] *La Chine*, par Davis, t. I, p. 65.

capitaine Affleck repoussa cette exigence comme elle méritait de l'être. Aussitôt le commerce fut suspendu. Le conseil britannique essaya de négocier; il offrit de payer ce qu'on voudrait, à la seule condition qu'on épargnerait à un navire de guerre l'humiliante opération du jaugeage. Or, c'était précisément ce qui réjouissait les Cantonnais. Ils entendaient jauger le navire, et il le fut, au grand triomphe des autorités, malgré ses canons, malgré le drapeau qu'il portait, car cette fois encore on céda [1].

Je regrette d'avoir à entrer dans tous ces détails; ils sont arides, je le sais. Mais quand on soutient une thèse, encore faut-il la prouver. Il ne suffit pas de dire que les Européens ont subi pendant trois siècles, sans réclamer, des vexations toujours nouvelles, comme on nous dit, trop légèrement peut-être, qu'ils ont presque été des pirates; il ne suffit pas d'opposer une affirmation à une autre; il faut l'appuyer sur des faits, et dussé-je être un peu long, je demande à en citer encore. Il ne manquent pas, ils abondent, et c'est entre mille que je choisis.

Dans le courant de l'année 1773, au milieu d'une rixe de matelots, un Chinois perdit la vie. Un Anglais, nommé Francis Scott, faussement accusé du meurtre dont il s'agit, fut réclamé par les man-

---

[1] *La Chine*, par Davis, t. I, p. 66.

darins. L'affaire s'instruisit devant la Cour portugaise de Macao, et il résulta de l'enquête que le prévenu était innocent. On le livra quand même; le malheureux fut exécuté [1].

Le 24 novembre 1784, le *Lady Hughes*, arrivant devant Whampoa, fit un salut de son artillerie. Le hasard voulut qu'une des pièces fût chargée et que trois Chinois passassent à portée. Tous trois furent grièvement blessés. L'un d'eux mourut le lendemain. Nouvelles réclamations des mandarins et ordre de livrer le canonnier. Après de longs pourparlers, on se décida à le conduire à Canton avec une adresse en sa faveur, signée des membres du Conseil britannique et de tout le Corps consulaire. C'était un vieillard. Un mandarin vint le recevoir, assurant les personnes présentes qu'on n'avait rien à craindre pour sa vie. Le 8 janvier, le canonnier était étranglé [2]!

Je passe, et j'arrive à un incident qu'on révoquerait en doute si ce n'était de l'histoire contemporaine.

En 1808, lord Minto, gouverneur général des Indes, craignant une tentative des Français sur les possessions portugaises, avait jugé à propos de les faire occuper par des troupes de la Compagnie. Macao reçut une garnison anglaise, qu'y conduisit

[1] *La Chine*, par Davis, t. I, p. 72.
[2] *Idem*, t. I, p. 74.

l'escadre de l'amiral Drury. A peine informées du débarquement, les autorités de Canton réclamèrent avec la plus grande vivacité, déclarant que, le territoire habité par les Portugais étant une portion du Céleste Empire, si les Français s'y présentaient, l'invincible armée chinoise saurait bien les jeter à la mer. Signification était faite à l'amiral d'avoir à rembarquer ses troupes; jusque-là le commerce serait suspendu. L'amiral remonte la rivière avec quelques embarcations et demande une conférence, qui lui est refusée. En même temps les Chinois s'avancent; il essaye encore de parlementer, on lui répond à coups de fusil. Certes, c'était l'occasion, ou jamais, de régler une bonne fois le compte du passé, et de donner à l'arrogance des Cantonnais une leçon tellement éclatante qu'ils s'en fussent souvenus pour longtemps. On a peine à le croire, cette leçon ne fut pas donnée; la flotte se retira, les troupes se rembarquèrent, dévorant ce dernier affront, et une pagode destinée à éterniser le souvenir de l'ignominie européenne s'éleva sur le lieu même où les barbares avaient pris la fuite [1].

A la nouvelle d'une si honteuse affaire, il n'y eut qu'un cri dans l'Angleterre. Le patriotisme britannique, qu'on ne contestera pas à coup sûr, s'émut de tant de faiblesse et réclama des mesures

---

[1] *Revue des Deux-Mondes*, La question chinoise; 1er juin 1857. — *La Chine*, par Davis. — *Parliamentary Evidence*, 1830.

énergiques. Mais on était au plus fort des guerres
de l'empire; d'autres soucis occupaient le cabinet
de Saint-James. On attendit la paix pour songer
aux affaires de Chine, et, en 1816, l'ambassade de
lord Amherst fut décidée.

C'était la seconde que l'Angleterre envoyait à
Pé-king. Déjà, en 1790, lord Macartney avait tenté
de se mettre en relation avec le gouvernement chinois. On lui avait fait remonter jusqu'à Tien-tsin ce
même Pé-ho, aujourd'hui célèbre, sur une flottille de
jonques chinoises qui portaient à leurs pavillons,
écrite en gros caractères, cette légende : *Ambassadeur apportant le tribut de la nation anglaise*. On l'a-
vait promené de la sorte aux yeux des populations
de l'empire ; l'Empereur avait reçu de sa main les
magnifiques présents du roi Georges, qui par parenthèse furent jugés médiocres ; on eût préféré
des oiseaux; puis, quand il s'était agi de traiter,
tous les articles avaient été rejetés, les uns purement et simplement, les autres avec des clauses
peu honorables, pour ne pas dire insultantes [1].
Après d'inutiles débats, l'ambassade était repartie
sans avoir rien obtenu.

En dépit des graves événements survenus à Canton, et malgré l'insuccès de la mission pacifique de
lord Macartney, il fut décidé que celle de son suc-

[1] Lettre de M. J. de Grammont, missionnaire apostolique à
Pé-king, citée par M. Pauthier dans son très-intéressant travail in-
titulé *Histoire des relations politiques de la Chine*.

cesseur aurait le même caractère. Elle s'annonçait d'ailleurs sous les auspices les plus favorables. Sir George Staunton, qui tout jeune avait fait partie de la première, était second membre du comité de légation; M. Morrison, auteur de plusieurs dictionnaires chinois-anglais, imprimés depuis aux frais de la compagnie des Indes; M. Davis, connu par des essais heureux dans ce genre de littérature, le même qui en 1844 devint ministre d'Angleterre en Chine; M. Manning, un autre sinologue distingué, accompagnaient lord Amherst en qualité d'interprètes. « Des hommes si éclairés, nous dit M. A. Rémusat, ne pouvaient manquer d'apprendre beaucoup en traversant la Chine, pour peu qu'on leur en laissât le temps et les moyens. Non-seulement le succès des négociations, mais une abondante moisson d'observations de tout genre, devaient être les fruits d'une réunion si précieuse de lumières et de talents divers[1]. » M. Abel Rémusat avait raison; tout semblait réuni : il ne manquait qu'une chose, et malheureusement c'était l'essentielle, du canon.

L'ambassadeur s'embarqua le 8 février 1816, sur le vaisseau l'*Alceste*, capitaine sir Murray Maxwel; il toucha au Brésil, au cap de Bonne-Espérance, à Java, et le 10 juillet aux îles Lemma, près de Macao, où vinrent le rejoindre MM. Mor-

---

[1] M. Abel Rémusat, *Mélanges asiatiques*, t. I, p. 432.

rison et Davis, tous deux établis à Canton. On annonça officiellement au vice-roi de cette ville l'arrivée de l'ambassade, et son départ pour le Nord ; presque en même temps on apprenait que l'Empereur la recevrait avec « satisfaction » et que ses ordres étaient donnés pour lui faire accueil. Le 13 juillet, lord Amherst reprit la mer et se trouvait à la fin du mois dans le golfe de Pé-tchi-li, à l'embouchure du Pé-ho, cette Tamise de la Chine, ainsi que l'appelait récemment un savant orientaliste. Deux mandarins l'y attendaient. On remonta le fleuve jusqu'à Tien-tsin, comme lord Macartney vingt-trois ans auparavant, toujours sur des barques chinoises, et toujours avec les banderoles que ce dernier n'avait pas fait semblant de voir ; seulement l'inscription était abrégée ; elle ne se composait que de deux caractères : *Koung-chi*, « *porteur de tribut.* » C'était plus court, mais tout aussi éloquent. A Tientsin, les négociations commencèrent. Elles continuèrent à Pé-king.

Le premier et le plus important sujet de discussion fut cette cérémonie qu'on nomme *ko-téou* ; elle consiste à s'agenouiller trois fois et à frapper autant de fois la terre de son front. On salue de cette manière non-seulement l'Empereur lui-même, mais ses dépêches, les présents qu'il envoie, et jusqu'aux restes qu'il veut bien quelquefois, par une grâce spéciale, faire passer de sa table sur celle des ambassadeurs. Lord Amherst avait subi les banderoles sans rien dire, bien décidé à faire toutes les concessions imaginables; mais cette avilissante cérémonie lui paraissait aussi incompatible avec la dignité de son mandat, qu'elle semblait sourire aux plénipotentiaires chinois.

Avait-il tort? avait-il raison ? M. d'Hervey croit qu'il avait tort; je crois, moi, qu'il avait raison. On cite Thémistocle qui se prosterna devant Artaxerxès. Thémistocle était proscrit; il arrivait en exilé et nullement en ambassadeur. A cet unique exemple, qui me paraît mal choisi, j'en opposerai deux autres beaucoup plus concluants: celui de Conon, qui, envoyé à la cour d'Artaxerxès Mnémon pour les affaires de la république d'Athènes, refusa de saluer à la manière persane; et celui de Timagoras, qui, pour s'être prosterné devant Darius, fut condamné à mort par ses concitoyens.

Peu importent d'ailleurs les Grecs et les Romains: là n'est pas la question. Il s'agit de savoir non ce que Thémistocle a pu faire, mais ce que devait faire lord Amherst; ce que signifiait pour lui la cérémonie du *ko-téou* et quelle en était la portée dans l'esprit de la cour de Pé-king. Cette question a son intérêt aujourd'hui, car, bien qu'elle ait été réglée par le traité de Tien-tsin, les traités sont si peu de chose aux yeux des Chinois, qu'elle ne sera vraiment tranchée que lorsqu'elle aura passé dans la pratique.

Il est aujourd'hui parfaitement démontré que le

ko-téou n'est pas seulement une marque de déférence, une simple cérémonie, mais qu'il implique chez les Chinois l'idée de vassalité. C'est l'acte solennel par lequel le roi de Cochinchine et les souverains des petits royaumes de Corée et de Loutchou rendent hommage à l'Empereur lorsqu'ils sont confirmés par lui dans leur autorité. Cela est si vrai, qu'un ambassadeur chinois envoyé au Japon refusa la prosternation, et, plutôt que de compromettre l'honneur de sa nation, revint sans avoir communiqué ses dépêches. Le Japon la refuse de même à l'Empereur. Voici enfin un dernier fait. Un officier de l'empereur Kang-hi ayant été fait prisonnier par le roi des Eleuths, ce prince voulut qu'il lui parlât à genoux ; le Chinois lui répondit *qu'il n'était point son vassal,* mais celui du Fils du Ciel.

Ce que le Japon refuse à la Chine, lord Amherst était parfaitement en droit de le refuser. J'ajoute qu'il n'avait aucun intérêt à faire autrement. Les Russes ont constamment résisté, et ils ont depuis 1728 une résidence à Pé-king. Les Hollandais ont souscrit à tout, et ils n'y ont gagné que l'honneur douteux de manger les restes de la table impériale, « des pieds de mouton à moitié rongés », comme nous dit la relation de Van Braam : « Ce mets, qui soulevait le cœur, fut apporté sur un plat sale, et paraissait préparé pour un chien plutôt que pour une créature humaine. » Les man-

darins riaient à gorge chaude, et qui n'eût ri?
L'ambassade s'en alla comme elle était venue, un
peu plus humiliée, un peu plus méprisée, voilà
tout; et il en sera toujours de même avec ces peuples asiatiques, infatués de leur prétendue supériorité, dont l'arrogance n'a de limite que l'énergie
qu'on leur oppose. Ainsi le pensait sir John Malcolm,
l'un des hommes qui ont le mieux connu l'Asie;
ainsi le pensait le gouvernement de juillet lui-
même, lorsqu'il donnait pour instructions à M. de
Lagrené de ne pas se soumettre au *ko-téou*. Sans
doute, l'orgueil chinois abdiquera difficilement ses
prétentions; mais il en sera de la Chine comme de
la Perse, où les mêmes avanies étaient le corollaire
des mêmes exigences: la bataille de Schiraz a tout
réglé.

J'en reviens à lord Amherst. Il proposa comme
moyen terme de se soumettre au cérémonial, à
la condition qu'un mandarin dont le rang corres-
pondrait au sien rendrait un hommage analogue au portrait du prince-régent d'Angleterre.
On n'y voulut pas consentir. L'ambassadeur allait
céder, pour ne pas compromettre entièrement
l'objet de sa mission, quand de grand matin
un ordre impératif lui enjoignit d'avoir à se présenter immédiatement devant l'Empereur, avec
son fils et le personnel de la légation. Surpris
dans son sommeil, encore indécis sur le parti qu'il
avait à prendre, l'ambassadeur allégua la fatigue

d'un voyage de nuit, demandant quelques heures pour se préparer à l'audience, car il arrivait de Pé-king et la scène se passait à Youan-ming-youan, maison de campagne de l'Empereur. La réponse ne se fit pas attendre; c'était un ordre de départ tout aussi catégorique que le premier; le soir même, à quatre heures, lord Amherst montait dans sa chaise et reprenait la route de Tien-tsin.

L'Empereur n'en accepta pas moins une partie des présents du prince-régent, uniquement, écrivait-il au vice-roi de Canton, le 6 septembre 1816, « pour montrer de la bonté à *nos inférieurs* et pour ne pas témoigner du mépris à un souverain qui d'une distance immense, et à travers plusieurs mers, *avait envoyé nous offrir un tribut*. En conséquence, parmi les présents dudit roi, nous avons choisi quelques bagatelles des plus insignifiantes : quatre cartes géographiques, deux portraits et quatre-vingt-quinze gravures; et, pour lui faire plaisir, nous les avons acceptés. En retour, nous avons fait présent audit roi d'un sceptre en pierre de *yu* (ou jade), d'un collier d'agate, de deux paires de grandes bourses et de quatre paires de petites. Nous avons ordonné aux ambassadeurs de recevoir ces présents et de s'en retourner dans leur pays. De cette manière, nous avons mis à contribution la maxime de Confucius : *Donnez beaucoup; recevez peu.*

» Lorsque les ambassadeurs reçurent les susdits

présents, ils en furent extrêmement satisfaits et montrèrent leur repentir. A leur arrivée à Canton, vous, gouverneur et vice-gouverneur, vous les inviterez à dîner, conformément aux usages de la politesse, et vous leur tiendrez le discours suivant :

« Votre bonne fortune n'a pas été grande; vous
» êtes allés jusqu'aux portes du palais impérial,
» et vous avez été incapables d'élever vos regards
» jusqu'à la face du Ciel (l'Empereur.)

» Le grand Empereur a réfléchi que votre roi
» avait désiré une chose heureuse pour lui et avait
» agi avec sincérité. C'est pourquoi nous avons
» accepté quelques présents et avons fait don à
» votre roi de divers objets précieux. Vous devez
» rendre grâces à l'Empereur de ses bienfaits et
» vous en retourner promptement dans votre
» royaume. »

» Après cette lecture, si l'ambassadeur vous suppliait de recevoir le reste des présents qu'on avait refusés à Pé-king, répondez : « En un
» mot, un décret a été rendu; nous n'osons, par
» conséquent, présenter à ce sujet des pétitions
» inopportunes, et vous devez prendre le parti
» extrême de vous en débarrasser vous-mêmes.

» Respectez ceci [1] ! »

Au retour, une nouvelle humiliation attendait l'ambassade.

[1] *Histoire des relations politiques de la Chine*, par M. Pauthier.

Pendant qu'on laissait entrer la jonque des obscurs tributaires de Siam et de Cochinchine, on interdisait à l'escadre anglaise le mouillage de Whampoa. Cette fois, la coupe était pleine ; l'*Alceste* s'avança fièrement, ses canonniers à leurs pièces, en passant devant les forts, qui lui envoyèrent quelques boulets; une seule bordée de la frégate suffit pour mettre en fuite les servants chinois, qu'on vit bientôt se sauver à toutes jambes, s'égrenant sur la pente de la colline qu'ils avaient à dos. L'effet fut merveilleux; les mandarins firent des excuses, les navires furent ravitaillés, et l'on publia que le feu des forts n'était qu'un simple salut, tel qu'on le devait au pavillon de Sa Majesté Britannique. Politesse pour politesse : le salut avait été bien rendu. Il était temps.

Je suis de ceux qui n'ont pour l'Angleterre ni haine aveugle ni enthousiasme exagéré. J'aime ce qu'elle a de bon, son patriotisme, son esprit de suite, la sage liberté dont elle sait jouir impunément. Je regrette qu'ayant souvent tant d'intérêts différents des nôtres, elle ait aussi tant de moyens de les faire prévaloir. Avant tout, je tiens à être juste, vis-à-vis d'elle comme vis-à-vis de tous, dussé-je me priver de la facile éloquence qui s'adresse à de vieux préjugés; je tiens enfin, quand il s'agit de la Chine, à rester ce que je suis, Français et Européen. Cette longue série d'outrages, que j'ai cru devoir énumérer pour bien montrer que je n'inventais pas, cette ignominie de trois siècles, ce n'était pas seulement l'ignominie de l'Angleterre, c'était l'ignominie de l'Europe entière. Les intérêts commerciaux d'une grande compagnie qui formait presque un État à part pouvaient plaider à Londres en faveur d'une tolérance autrement inexplicable; les nôtres étaient si peu de chose qu'à peine les connaissions-nous. Mais la scène devait forcément changer le jour où expirerait le privilége de la compagnie des Indes, et où la Chine, au lieu d'avoir à répondre de ses actes devant une association commerciale, aurait à compter avec une puissance de premier ordre; elle devait changer encore le jour où nos missionnaires deviendraient les victimes de mesures sanglantes, d'autant plus impardonnables que la Chine, ne professant qu'un déisme vague, n'a pas l'excuse du fanatisme. Ce jour-là, ce serait la guerre, la guerre de l'Europe contre l'Asie.

CHAPITRE TROISIÈME.

LA QUESTION DE L'OPIUM ET LES TRAITÉS DE 1842-1844.

La charte de la compagnie des Indes expirait en 1834. Elle fut renouvelée pour vingt ans. Les dispositions du nouvel acte lui enlevaient le monopole des marchés de la Chine et les ouvrait au commerce libre. Ce fut, avec l'abolition de l'esclavage, l'une des importantes réformes du cabinet de lord Grey.

A Canton, les vexations avaient repris leur cours. « Les Européens les supportent avec une patience incroyable, écrivait un consul de Russie qui se trouvait alors en Chine [1]. Il serait vraiment temps que les gouvernements s'interposassent. » Déjà il pressentait la guerre et la regardait comme nécessaire, si satisfaction n'était pas accordée. Cinq ans se passèrent encore. L'orage, depuis longtemps inévitable, n'éclata qu'en 1839, à propos de la question de l'opium.

[1] *Sept années en Chine*, par Pierre Doblet, conseiller de collège au service de Russie, consul de cette puissance aux îles Philippines; traduit du russe par le prince Emmanuel Galitzin.

On sait que le pavot se récolte principalement
dans quelques districts du Malwa et des provinces de
Bénarès et de Patna. On pouvait estimer à deux cent
cinquante mille hectares la superficie occupée par
cette culture, à laquelle, soit dit en passant, la
France, elle aussi, était intéressée [1], quoique indirectement. L'exportation, qui ne dépassait pas
4,000 caisses en 1818, s'élevait en 1836 à 26,018,
représentant une valeur de plus de 36 millions
de fr. De Calcutta et de Bombay elles s'expédiaient
sur de petits bâtiments admirablement construits,
connus sous le nom d'*opium-clippers*. Excellents
marcheurs, armés jusqu'aux dents, ils remontaient
dans la mer de Chine, au plus fort de la mousson
du nord, malgré les affreux ouragans si communs
en cette saison, et accomplissaient le trajet en moins
de deux mois.

Ce commerce lucratif, longtemps autorisé, avait
été interdit en 1796, sous l'empereur Kia-king.
Depuis, il se faisait en contrebande, comme beaucoup d'autres, comme l'exportation des fers ou des
coolies chinois, c'est-à-dire avec un inconcevable
sans-façon. On transportait l'opium en plein jour

[1] Aux termes des traités, toute culture du pavot était interdite dans les possessions françaises de l'Inde, moyennant une
redevance annuelle d'un million de francs que la Compagnie
payait au gouvernement français; indépendamment de ce tribut
en espèces, l'administration de Chandernagor avait droit à
200 caisses d'opium à prendre au prix moyen des ventes réali-
sées par la Compagnie.

et à découvert dans les rues de Macao. A Whampoa
on le débarquait aussi, sous les yeux de la police
et pour quelques taëls; l'autorisation de le vendre
s'achetait à prix d'argent des mêmes mandarins
qui eussent dû, conformément à la loi, punir de
mort les délinquants. Tout se passe ainsi dans ce
pays modèle. Çà et là, le long de la rivière de
Canton, on apercevait des navires européens repo-
sant tranquillement à l'ancre, les voiles à sec, avec
l'insouciance et la sécurité d'une escadre rentrée
à son port d'armement. C'était une station d'opium.
Des bateaux contrebandiers accostaient chaque
navire, échangeant leurs piastres contre les caisses
d'opium, et repartaient vers la rive. Les embarcations des mandarins, les canots de la douane, les
jonques de guerre, passaient et repassaient, témoins
indifférents d'une contrebande qui se traduisait
pour tout le monde en si beaux bénéfices. Peuple
et magistrats fumaient presque publiquement dans
toutes les parties de l'empire, dans l'enceinte du
palais impérial; Ki-ying, qui devait signer plus tard
les traités de 1842, l'ami et le parent de l'Empereur, ne s'en cachait pas plus que les autres, et
l'Empereur l'en plaisantait.

Quand les abus en sont arrivés à ce point et
qu'un peuple s'est créé des besoins assez impérieux
pour payer 100 fr. le kilogramme, à Canton ou à
Chang-haï, ce qui vaut 10 fr. au lieu de production,
le gouvernement n'a plus rien à faire; il ne lui

reste qu'à régulariser un état de choses qu'il est
impuissant à empêcher. La prohibition avait toute
sorte d'inconvénients : elle n'arrêtait pas la consommation; elle établissait une contradiction
monstrueuse entre la ridicule solennité des décrets
d'interdiction et l'ignoble connivence des autorités locales; enfin, et c'est ce qui préoccupait
surtout la cour de Pé-king, assez embarrassée dans
ses finances, elle entraînait la sortie d'une quantité
énorme de numéraire, l'opium ne pouvant se vendre par l'intermédiaire des marchands hongs, et
se payant par conséquent en argent. Le plus simple
était d'autoriser l'importation moyennant un droit,
peut-être même la culture du pavot, combinaison
plus habile encore, puisqu'elle eût privé le gouvernement de l'Inde d'une branche considérable de
ses revenus. La question fut mise à l'étude, et les
hommes les plus compétents de l'empire furent
appelés à donner leur avis. J'ai sous les yeux un
très-long rapport de Hia-nu-tse, vice-président de
la cour suprême de Pé-king. Il est trop intéressant
et témoigne d'une trop grande intelligence de la
question pour que je n'en reproduise pas quelques
extraits.

« Dans la première année du règne de Kia-king
(1796), l'opium fut prohibé et ceux reconnus coupables de l'avoir fumé condamnés à la peine du pilori
et du bambou. Plus tard ils sont devenus passibles de
peines plus sévères; ils ont été punis par la trans-

portation pour plus ou moins de temps, par la
prison ou par la mort en cas de récidive. Cependant les fumeurs d'opium sont bien plus nombreux
aujourd'hui; cet usage démoralisateur s'est étendu
sur presque toute la surface de l'empire. Sous le
règne de Kien-loung (1736) et de ses prédécesseurs, lorsque l'opium était admis à la douane et
payait un droit, il était livré aux négociants hongs
en échange de thés et d'autres marchandises; mais
à présent, d'après les lois de prohibition, personne
n'ose ouvertement faire l'échange, on ne l'achète
plus que sous main et argent comptant. Sous le
règne de Kia-king, il en arrivait annuellement
quelques centaines de caisses, mais à présent le
nombre s'élève à plus de vingt mille. La quantité
totale vendue dans l'année ne s'élève pas à moins
de 10 millions de dollars et plus. Autrefois, les
barbares faisant le commerce apportaient de l'argent en Chine, et cet argent, donné en échange de
marchandises, était une source de bien-être pour
les populations rapprochées des bords de la mer.
Mais depuis que les barbares ne peuvent plus vendre l'opium que clandestinement et pour argent
comptant, le métal sort de l'empire, sans que
d'autre part il y rentre par aucune voie.

» Pendant deux siècles, le gouvernement a fait
régner la paix sur toute la nation, et, en l'entou-
rant de sa paternelle sollicitude, il a augmenté la
richesse des populations, la santé et le bonheur de

tous. C'est avec ravissement que nous voyons avec
quelle profonde sagesse gouverne notre auguste
souverain, modèle révéré de tout l'empire. Il est
juste que l'or jaune devienne aussi commun que
la poussière.

» On objecte que la vente toujours croissante de
l'opium a pour cause la négligence que mettent
les employés à faire exécuter les lois; mais c'est à
l'ombre des lois et des ordonnances que des agents
infidèles et des vagabonds sans honneur trouvent
moyen de s'avantager, et plus les lois sont par-
faites, plus ces vils subalternes commettent d'extor-
sions, plus ils usent d'artifices pour arriver à leurs
fins. Toutes les douanes et tous les postes militaires sont subornés. L'appât du gain pour le commun peuple est bien autrement puissant que la
crainte des lois, qui le plus souvent sont ainsi impunément violées. Il existe sur les rivières comme
sur la mer des pirates qui, sous prétexte d'exécuter les ordres du gouvernement et d'aller à la
recherche des contrebandiers, courent après le pil-
lage. Lorsque j'étais au service de Votre Majesté
en qualité de magistrat judiciaire, à Canton, des
faits de cette nature se renouvelaient souvent, et
plus d'une fois on a extorqué de l'argent pour la
rançon d'objets pillés. Mais tous ces crimes n'ont
commencé à naître que depuis la publication des
lois prohibitives de l'opium.

» .... Quoiqu'il y ait des fumeurs qui parvien-

nent à un certain âge, cet âge n'est jamais le terme
de la vie de l'homme : mais il naît journelle-
ment assez d'enfants pour accroître la population
de l'empire, et il n'y a pas à craindre que cette
population diminue; au lieu que d'autre part on ne
peut trop se hâter de prendre des mesures énergiques pour mettre un terme à l'écoulement des
ressources, que dis-je? de l'âme de la Chine. Fer-
mer nos ports à tout commerce est chose impossible, et puisque les lois prohibitives de l'opium
sont inefficaces, le seul moyen qui reste est d'en
revenir à l'ancien système, de rendre libre l'importation de l'opium par les barbares, moyennant un
droit comme médicament, et en exigeant qu'au
sortir des entrepôts de la douane il soit livré aux
marchands hongs pour valeur en marchandises, et
que jamais il ne soit payé en numéraire. Les droits
à payer étant de beaucoup au-dessous des frais
de contrebande, alors les barbares suivraient vo-
lontiers les voies légales. »

On le voit, le côté moral de la question ne semblait pas peser d'un très-grand poids dans la balance. Comme le disait Hia-nu-tse, « il naissait assez
d'enfants ». Mais le côté économique était traité
avec une intelligence, une clarté et une méthode
qui méritent à l'auteur de ce long travail une place
honorable au sein de cette petite pléiade d'hommes
d'État qui ont compris, en Chine, les nécessités de
leur temps. Il était impossible de mieux mettre le

doigt sur la plaie, et aussi de moins dissimuler l'é-
pouvantable corruption des agents de l'autorité.
Mais là-bas tout paraît préférable au rappel d'une
loi quelconque, fût-elle inique et chaque jour vio-
lée. Il faut qu'elle reste, au moins sur le papier.
Le vieil empereur Tao-kouang refusa d'approuver
de son pinceau rouge les sages propositions qui lui
étaient faites, et comme on savait les Européens
dociles, on résolut de s'en prendre à eux des vices
du peuple chinois. Le commissaire Lin, l'un des
quelques dignitaires de l'empire qui ne fumaient
pas l'opium, fut envoyé à Canton avec les ordres les
plus énergiques.

Déjà, sur l'ordre de lord Palmerston, M. Elliot,
surintendant du commerce britannique à Canton,
avait pris toutes les dispositions convenables pour
seconder les autorités chinoises. Une proclamation
avait été publiée par lui en décembre 1838. Il
pouvait en publier beaucoup sans nuire en rien aux
intérêts du gouvernement de l'Inde, car les autorités continuant à se prêter au trafic, le trafic continuait aussi. Mais l'arrivée de Lin changea tout.
Le 10 mars 1839, le commissaire impérial faisait
son entrée dans la capitale de la province; peu
après on tirait sur le drapeau anglais, plusieurs
navires étaient arrêtés. Le 18, un décret du commissaire ordonnait, sous peine de mort, la remise
immédiate de tout l'opium chargé, tant sur les na-
vires-entrepôts (*store ships*) que sur les bâtiments

mouillés en rade ; presque en même temps, le surintendant Elliot et la plupart des négociants anglais de Canton qui n'avaient jamais pris la moindre part au commerce de l'opium furent saisis, privés de nourriture et menacés de mort certaine si le décret n'était pas exécuté sous trois jours. C'était une application en grand du principe de la responsabilité. Placé entre l'alternative du supplice ou d'une soumission entière, le représentant de la reine d'Angleterre choisit ce dernier parti. Il requit, le 27 mars, tous les sujets britanniques résidant en Chine de livrer l'opium qu'ils pouvaient avoir en leur possession, se rendant responsable des valeurs ainsi livrées pour le compte du gouvernement. Vingt mille deux cent quatre-vingt-onze caisses furent ainsi remises. On a prétendu que Lin les fit toutes jeter à la mer ; mais cette version n'est pas complétement exacte. On n'en sacrifia qu'une partie, afin, comme disent les Chinois dans leur langage symbolique, *de tenir propre la face du haut commissaire*; ce que les mandarins firent du reste, je le laisse à deviner.

Ces mesures violentes, succédant brusquement à une connivence qui avait duré quarante-trois ans, ne changèrent rien à l'état des choses. La consommation étant la même, et augmentant plutôt qu'elle ne diminuait, l'importation, toujours favorisée d'ailleurs par les autorités locales, suivit naturellement le même cours. C'était si évident, que le gouvernement de l'Inde, malgré la rupture, fit ses avances aux cultivateurs indigènes sur l'échelle de production des années ordinaires. Le seul résultat des événements du mois de mars fut de hâter une crise depuis longtemps imminente.

La guerre éclata. Je n'ai pas à la raconter. Elle l'a été par M. d'Hervey, qui le premier a mis en lumière les qualités du soldat chinois. Ce n'est peut-être pas l'opinion générale, ni même celle de tous les officiers de l'armée anglaise ; mais l'opinion peut se tromper, et la modestie sied aux vainqueurs.

Le vice-roi de Canton, Ki-ying, fut désigné pour traiter avec sir Henri Pottinger, plénipotentiaire de la Grande-Bretagne. C'était un Tartare, proche parent de l'Empereur, le même qui fumait sa pipe d'opium sous les yeux de Tao-kouang ; un vieillard à moustaches blanches, à la physionomie bienveillante et grave, à la démarche empreinte d'une véritable distinction. Il appartenait, avec quelques Chinois d'élite, à ce petit noyau d'administrateurs favorables aux étrangers qui dirigèrent un moment les affaires de 1844 à 1850, époque de l'avénement de Yen-foung et de leur complète disgrâce. Les négociations, entamées à Nan-king, aboutirent au traité de ce nom, du 29 août 1842, que Ki-ying vint signer sur le vaisseau *le Cornwallis*, mouillé dans les eaux du Yang-tse-kiang. La Chine s'avouait vaincue et cédait aux Anglais l'île de Hong-kong, un grand rocher désert qui fait face à Macao, et leur permettait la libre entrée de la ville de Canton, jusque-là constamment refusée. Elle payait les frais de la guerre et une indemnité au commerce de Canton, en tout 24 millions de dollars. Quant à l'opium, la vente en restait défendue. Le plénipotentiaire de Taokouang sauvait ainsi la dignité de son maître, et il en coûta peu à la Grande-Bretagne de lui accorder cette satisfaction. L'introduction légale de l'opium, pour laquelle on semble dire qu'elle s'était armée, n'eût guère profité qu'à la Chine, puisqu'elle entraînait, je le répète, un peu plus tôt ou un peu plus tard, la culture du pavot dans l'empire. Quatre nouveaux ports étaient ouverts au commerce européen. Sir Henri Pottinger désigna lui-même ceux de Chang-haï, de Ning-po, de Fou-tchou-fou et d'Amoy. Ces quatre points, échelonnés sur la côte, pouvaient être considérés comme les avant-postes d'où la civilisation européenne devait se répandre à la fois dans les provinces les plus riches et les plus populeuses du Céleste Empire; c'étaient là les premières étapes des conquêtes commerciales auxquelles les nations de l'Occident étaient conviées à prendre part, car la diplomatie chinoise, dans un but facile à comprendre, voulut étendre à toutes les concessions faites à l'Angleterre [1]. Elle voulait les contenir les unes par les autres. C'était l'équili-

---

[1] Ces dispositions sont consignées dans le traité supplémentaire anglais du 10 juillet 1844.

bre européen retourné contre l'Europe. Personne n'avait à s'en plaindre à coup sûr, et si les hommes d'État de l'empire du Milieu n'avaient jamais employé d'autres armes, cet innocent artifice de la politique asiatique n'eût certes pas amené la guerre qui devait éclater treize ans plus tard.

Les Américains suivirent et obtinrent leur traité particulier, qui fut signé à Wang-hia, près de Canton, le 3 juillet 1844, entre Ki-ying et M. Caleb Cushing.

La France vint la troisième. Elle avait en Chine peu d'intérêts commerciaux. Pourquoi? On sait malheureusement la cause de cette déplorable infériorité, qu'un autre régime économique ferait promptement disparaître. Mais elle se souvenait du rôle qu'un siècle auparavant elle avait joué dans l'extrême Orient; elle savait que l'Europe était partout et qu'il y avait encore des contrées qui se demandaient où était la France [1]; elle espérait réveiller l'esprit d'entreprise et le tourner vers l'Asie, cet immense débouché toujours ouvert à notre activité; elle voulait garder sa place à la tête des nations chrétiennes, place d'honneur qui lui revient de droit sous toutes les latitudes et sur tous les points du globe; fière de ses missionnaires, comme l'Angleterre et les États-Unis de leur commerce et de leur navigation, elle voulait les placer eux aussi sous la protection du droit des gens;

[1] M. Lavollée, *La politique européenne en Chine.*

4.

faute d'intérêts matériels à défendre, elle entendait conserver la suprématie de ses idées. Tel fut le principal objet de la mission de M. de Lagrené.

Le traité de Wang-pou (Wampoa) nous accordait (art. 22) le droit « d'établir des églises, des hôpitaux, des hospices, des écoles et des cimetières (sur le territoire défini des cinq ports). Dans ce but, l'autorité locale, après s'être concertée avec les consuls, devait désigner les quartiers les plus convenables pour la résidence des Français et les endroits où auraient lieu les constructions précitées. » M. de Lagrené provoquait en outre un édit de l'empereur Tao-kouang, qui autorisait les chrétiens indigènes à pratiquer ostensiblement leur religion, et que M. de Ferrière le Vayer pouvait à juste titre qualifier d'apologétique, puisqu'il disait en propres termes : « La religion du Seigneur du ciel, instruisant et guidant les hommes dans la pratique des bonnes œuvres, diffère extrêmement des sectes illicites et hétérodoxes. En conséquence, que toutes les anciennes maisons et habitations dispersées dans les provinces, qui furent bâties sous le règne de Khang-hi et ont été conservées jusqu'à nos jours, et qui, après un examen personnel des autorités compétentes, auront été reconnues leur propriété réelle et légitime, soient rendues à ceux qui professent aujourd'hui cette religion dans leurs demeures respectives, exceptant seulement ces églises qui

ont été converties en temples ou en habitations
pour le peuple. Si, après la promulgation de cet
édit dans les provinces, les mandarins locaux per-
sécutaient illégalement et faisaient arrêter quel-
ques-unes des personnes professant la religion du
Seigneur du ciel, et qui ne soient pas des malfai-
teurs, les justes peines infligées par les lois à de tels
actes seraient aussitôt appliquées [1]. » Il est vrai
que cet édit interdisait aux missionnaires l'entrée
de l'empire, mais on pouvait deviner qu'ils passeraient comme passait l'opium, sainte contrebande
de l'abnégation et de la foi. Prévoyant d'ailleurs
le cas, M. de Lagrené avait obtenu dans un pré-
cédant édit que, lorsqu'ils seraient découverts, on
les remît sains et saufs entre les mains de nos
consuls [2].

C'est avec Ki-ying que toutes ces dispositions
furent arrêtées. J'ai dit quel était ce vieillard, qui
semblait s'être mis au-dessus des superbes préjugés de son pays. Tout en lui témoignait de l'élé-
vation du caractère et de la supériorité du rang.
Introduit dans un salon de Paris ou de Londres,

[1] M. Pauthier, *Histoire des relations politiques de la Chine.*

[2] « Si quelqu'un des Français, ou autres étrangers qui professent la religion chrétienne, au mépris de cette défense, dépasse les limites fixées et fait des excursions téméraires, les autorités locales, aussitôt après, le livreront au consul de sa nation,
afin que celui-ci puisse le contenir dans le devoir et le punir. On
ne devra pas le châtier précipitamment ou le mettre à mort. »
(Édit du 28 décembre 1844.)

personne ne l'y eût trouvé déplacé. Arrivé le dernier à Macao, où devaient commencer les négociations, il fit la première visite à M. de Lagrené, et les deux diplomates ne se quittèrent qu'après les adieux les plus tendres. Quelques jours après, il visitait le vapeur l'*Archimède*, qui avait amené l'ambassade. M. de Lagrené, l'amiral Cécille, M. de Ferrière le Vayer, les autres secrétaires et attachés, parmi lesquels se trouvait M. Xavier Raymond, un publiciste très-connu depuis, l'attendaient sur le pont de la corvette. « Pendant que l'escorte chinoise excitait par son admiration naïve la franche gaieté des matelots, le vice-roi et son conseiller Houang recueillaient avidement toutes les explications qui leur étaient données sur le mécanisme du navire, sur cette mystérieuse rapidité de sillage devant laquelle disparaissaient à vue d'œil et les scènes mobiles de l'horizon et les voiles en rotin des lourdes jonques. On les conduisit dans la machine; ils virent ces énormes pièces de fer dont le mouvement docile s'arrêtait soudain ou reprenait au commandement de leur voix. Puis, ramenés sur le pont, ils s'approchèrent non sans terreur des canons qui garnissaient les sabords; une détonation formidable, répétée par tous les échos, se fit entendre, et Ki-ying, dont la main mal assurée venait d'enflammer la capsule, ne put retenir l'enthousiasme de son effroi : — « Comme des lions ardents, vous êtes venus jusqu'ici à travers mille périls, et moi, agneau timide, je me sens troublé rien qu'en mettant le pied sur vos puissantes machines. » Revenu sous la tente de pavillons qui avait été dressée à l'arrière de la corvette, Ki-ying demeura longtemps pensif et recueilli. Sa physionomie était triste. Il comparait en lui-même la force des *lions ardents* et la faiblesse des *agneaux timides;* après avoir vu de près et manœuvré de ses propres mains ces machines si merveilleuses par la vitesse et si obéissantes pour la destruction, il s'expliquait pourquoi les Anglais avaient pu si rapidement paraître sous les murs de Nan-king; il se demandait comment la Chine résisterait jamais à de pareilles armes, et j'imagine qu'il formait des vœux pour cette paix de dix mille ans qu'il avait conclue déjà, au nom de son souverain, avec l'Angleterre et les États-Unis, et qu'il allait conclure avec la France [1]. »

Sans doute, telles devaient être les pensées du vieux Ki-ying. Peut-être aussi se demandait-il comment il pourrait reprendre à la longue un peu de ce qu'il venait d'accorder. Sa correspondance l'a prouvé. D'ailleurs il était Chinois, c'est tout dire. Mais il avait jugé de la faiblesse de son gouvernement autant que de la puissance européenne; il avait compris qu'il fallait compter avec elle, et que d'autres temps commandaient une autre politique.

[1] *La politique européenne en Chine*, par M. Lavollée.

Maintenant est-il bien certain que l'Empereur ait eu connaissance du texte précis des traités dont je viens de donner un aperçu? Je n'oserais assurément l'affirmer, après le rapport de l'amiral Rigault de Genouilly. Ce qui est démontré, c'est que les ratifications furent retrouvées en 1858 dans les papiers du vice-roi de Canton, « ce qui semble bien prouver, ajoute le rapport, que les traités n'avaient jamais été envoyés à Pé-king. » Quand on demanda pourquoi, il fut simplement répondu que ces papiers insignifiants ne valaient pas la peine d'être transmis à l'Empereur. S'il en était ainsi, Tao-kouang aurait ignoré jusqu'à sa mort l'étendue des concessions qu'on lui avait fait souscrire. Ki-ying n'aurait pas osé lui dire toute la vérité. Seulement, comme il était convaincu de la supériorité des moyens européens, il se serait servi de son influence pour faire prévaloir auprès de son souverain les conseils de la modération et de la sagesse. Il y aurait réussi, secondé qu'il était par Mou-tchang-ha, son ami politique, le premier ministre du cabinet. Je dois cependant ajouter que cette opinion n'a pas été acceptée sans conteste. On a assuré que Ki-ying, lors de la signature des traités, avait demandé qu'ils fussent rédigés et signés en double expédition, donnant pour motif de ce duplicata, peu usité dans les formes diplomatiques, la nécessité d'expédier un exemplaire à Pé-king et de garder l'autre dans les archives du commissariat impérial de Canton, particulièrement chargé des rapports avec l'étranger. Quoi qu'il en soit même dans la première hypothèse, on s'explique difficilement les attaques qui n'ont pas été épargnées à l'œuvre de M. de Lagrené; et en effet, parmi les documents issus des négociations dont je viens de parler, les deux édits obtenus par lui ne seraient pas les moins sérieux. C'était d'ailleurs quelque chose que d'avoir établi le principe du protectorat de la France en matière religieuse, montré sa civilisation dans ces mers lointaines et arraché à l'un des conseillers de l'ambassade chinoise cette exclamation si caractéristique : « Je savais bien que vos doctrines étaient excellentes. La France est une nation bonne et généreuse. Vous êtes les lettrés de l'Occident! »

CHAPITRE QUATRIÈME.

LE NOUVEAU RÈGNE ET LES TRAITÉS DE 1858.

En février 1850, après un règne de trente ans, l'empereur Tao-kouang, qui se sentait mourir, publiait une curieuse proclamation qui résumait dans le style particulier à la Chine les principaux événements de son règne. Rappelant la guerre avec la Grande-Bretagne, il parlait de sa bienveillance envers les étrangers et de sa sollicitude paternelle envers ses fidèles soldats. « Voulant donner la prospérité à notre empire, ajoutait Tao-kouang, nous montrâmes de la tendresse à ceux qui étaient venus des pays lointains, et par suite, depuis dix ans, la flamme dévorante s'est éteinte d'elle-même. Notre peuple trafique en paix avec les barbares, et tous aujourd'hui sans doute peuvent comprendre que nous avons toujours été inspiré par un constant amour de notre peuple ressenti jusqu'au fond du cœur. » Ainsi parlait l'Empereur, acceptant, sur son lit de mort, les nécessités d'une époque qui n'était plus celle de Yao. Son fils, Hien-foung, lui succéda. Il avait dix-neuf ans.

Son avénement fut salué par toutes les espérances. Le vieux parti chinois voyait en lui le restaurateur du passé, la haine des barbares, les absurdes rigueurs qui avaient signalé la première partie du règne de son père et conduit les Anglais sous les murs de Nan-king. Les hommes sages pensaient que le fils de Tao-kouang conserverait la paix avec l'étranger, régulariserait le commerce de l'opium comme la Grande-Bretagne l'a fait dans l'Inde, la Hollande dans la Malaisie ; et qu'enfin les armées, les flottes et l'administration chinoise arriveraient, par d'importantes réformes, aux améliorations que commandaient des temps nouveaux. Plusieurs mois se passèrent sans que l'Empereur justifiât par aucune mesure décisive les craintes ou les espérances qui s'agitaient autour de lui. Enfermé dans l'immense enceinte de sa demeure royale, avec ses concubines et ses eunuques, Hien-foung gardait le silence. On put croire un moment qu'à l'exemple de tant de ses prédécesseurs, énervés lorsqu'ils n'étaient pas sanguinaires, il se contenterait d'être fainéant. Un jour enfin, l'enfant couronné, qui cachait un despote cruel, voulut bien apprendre à l'empire quelles étaient ses volontés. La réaction triomphait.

Le 24 novembre 1850, un décret inséré dans la *Gazette de Pé-king*, le *Moniteur* de la Chine, annonçait la révocation de Mou-tchang-ha, premier ministre du cabinet, coupable de s'être associé à l'œuvre de son vieux maître. Quant à Ki-ying, le même décret le déclarait incapable et ennemi de la dynastie. « Ses penchants antipatriotiques, sa couardise, son incapacité, sont au-dessus de toute expression. Souvent, cette année, lorsqu'il était appelé devant nous, Ki-ying a parlé des barbares, faisant valoir combien ils sont à craindre et combien il serait urgent de s'entendre avec eux s'il survenait quelque différend. Il croyait que nous ne connaissions pas sa trahison et qu'il nous tromperait aussi facilement; mais plus il déclamait, plus sa dépravation devenait évidente à nos yeux, et ses discours ne furent plus à nos oreilles que comme les aboiements d'un chien enragé. » En conséquence, Ki-ying n'était pas seulement destitué, mais dégradé jusqu'au cinquième rang, et relégué comme surnuméraire dans quelque obscur bureau d'un des six ministères.

Ce manifeste, qui rappelait les plus mauvais temps de l'histoire chinoise, indiquait assez quelles seraient les tendances du nouveau régime. Elles ne tardèrent pas à se traduire d'une manière non équivoque. Une lettre adressée à l'Empereur par la reine Victoria, à l'occasion de son avénement, et portée à l'embouchure du Pé-ho, ne reçut point de réponse. Les mandarins, ceux-là très au fait des traités, se bornèrent à répliquer que, suivant les engagements contractés, les Anglais, quand ils auraient à écrire, devaient jeter leurs lettres dans la boîte du vice-roi de Canton, facteur ordinaire des dépêches destinées à Pé-king [1]. Ki-ying avait prévu le cas.

Un nouvel édit de Hien-foung déclara nul et non avenu celui qu'avait publié son père en faveur des chrétiens indigènes. Les persécutions recommencèrent. Dans le Kouang-tong, une église fut pillée, un missionnaire arrêté, et il ne dut la vie qu'aux énergiques réclamations de M. Forth-Rouen, notre ministre plénipotentiaire. Vers la même époque, le gouverneur portugais de Macao était assassiné par les Chinois.

A Canton, les affaires s'envenimaient de jour en jour. Les Anglais, qui avaient très-loyalement exécuté, trop loyalement peut-être, les stipulations de Nan-king, se plaignaient depuis longtemps déjà qu'on n'eût pas agi de même à leur égard. Malgré l'avis de certains casuistes, ils avaient évacué la belle île de Chou-san (Chusan) merveilleusement située à l'embouchure du Yang-tse-kiang, qui leur convenait si bien, et quoique le traité fût formel, ils étaient toujours relégués dans les faubourgs de Canton, la ville intérieure leur restant interdite. Tant que Ki-ying fut au pouvoir, on se contenta d'assez misérables excuses. On le croyait bienveillant ; il fallait faire la part du caractère chinois ; et, somme toute, on prenait patience. Mais ce fut

[1] *La politique européenne en Chine*, par M. Lavollée. *Revue des Deux-Mondes*, 15 février 1851.

plus difficile le jour où des vice-rois manifestement hostiles, instruments et créatures de l'empereur Hien-foung, vinrent fanatiser les Cantonnais. Ce peuple de contrebandiers n'avait pas ressenti le poids de la guerre; deux fois, des négociations intempestivement acceptées avaient suspendu l'orage près de fondre sur lui. En dernier lieu, les forces anglaises, maîtresses des hauteurs qui environnent la ville, allaient donner un assaut qui n'était pas douteux, lorsque les principaux négociants offrirent une rançon qui fut acceptée. Au même moment, les milices provinciales, appelées au secours de la ville, commençaient à se montrer; elles s'attribuèrent tout l'honneur du départ des Anglais, et l'orgueil de ces populations, que tant d'outrages impunis avaient déjà porté si haut, trouva une cause d'exaltation jusque dans la défaite. Les mandarins, on le conçoit, n'eurent garde de calmer les esprits. Alors commencèrent de longues négociations, d'autant plus fâcheuses que les Anglais n'avaient pas l'intention de les pousser jusqu'à une rupture. Ils s'étaient laissé deviner, et ils n'obtinrent rien. Tous leurs efforts vinrent échouer contre l'habileté supérieure de Siu et de Yeh, et l'Empereur fit élever dans les rues de Canton six arcs de triomphe en granit, couverts d'inscriptions en l'honneur de la victoire diplomatique de ses mandarins [1].

[1] Voir la *Revue des Deux-Mondes* du 1er juin 1857.

J'ai essayé de peindre tout à l'heure, dans la personne de Ki-ying, les hommes qui représentent en Chine, sinon la bonne foi politique, elle y est fort peu connue, au moins le parti des transactions et de la sagesse. Je veux essayer de montrer en regard ce que sont leurs adversaires, les vieux Chinois, ceux qui repoussent avec un égal mépris les Européens et leurs découvertes, et qui, en haine de l'étranger, refusent de donner à leur armée des fusils à percussion; ce parti dont M. d'Hervey serait presque tenté d'admirer le patriotisme, et qui n'est en définitive que l'expression souvent sanglante de la plus affreuse barbarie. Nous en avons un type sous les yeux, car je viens de prononcer le nom de Yeh, le fameux vice-roi de Canton.

Ce n'était pas l'élégant vieillard qui étonnait notre jeune diplomatie par la recherche de sa mise et par l'urbanité de ses manières. C'était un bouddhiste dans la force de l'âge, obèse, les ongles noirs, d'une malpropreté révoltante, se vantant de porter le même manteau depuis neuf ans. Le dernier paysan des deux Kouang eût paru moins grossier que son premier mandarin. Il avait tous les défauts de l'Asie, l'ignorance et l'orgueil, la lâcheté et la cruauté; instrument fanatique de la nouvelle politique de Pé-king, il en affectait le prétendu puritanisme; il fit égorger à lui seul plus de cent mille personnes en deux ans; mais il ne fumait pas l'opium.

Quand il vint prendre possession de la vice-royauté de Canton, en remplacement de Siu, une ridicule figure que nous verrons reparaître, Yeh se trouvait en présence de grandes difficultés. Il avait à empêcher par la ruse et par la diplomatie l'exécution du traité de Nan-king, chaque jour réclamée par les Européens. On a vu comment il s'y prit. En second lieu, il lui fallait combattre une insurrection formidable qui venait d'éclater dans son gouvernement, la même qui s'est propagée dans tout l'empire et sur laquelle je compte revenir en temps et lieu. Si le succès fut aussi complet, les procédés furent différents.

En dehors de la ville murée, vers la partie du faubourg qui est au sud en longeant la rivière, se trouve une rue étroite, encombrée d'immondices, comme la plupart des rues chinoises, et connue par les Européens sous le nom de Champ-des-Potiers. C'est là que le terrible Yeh vengeait sur ses prisonniers les nombreux échecs de l'armée impériale. De distance en distance s'échelonnaient des croix de bois. On y attachait les rebelles et on les coupait en morceaux. Quelquefois aussi on les écorchait vifs; ainsi périt, sur un ordre exprès du vice-roi, la femme d'un des chefs du mouvement; et telle était la dextérité des bourreaux, qu'au dire de quelques Anglais témoins de cet affreux supplice, elle lui ôtait une partie de son horreur. Pour le commun des martyrs, on procédait plus simplement; le temps aurait manqué, si

habiles que fussent les exécuteurs. Les condamnés
arrivaient dans des cages de bois, les mains liées
derrière le dos, les jambes enchaînées. Les cages
déposées à terre, on les ouvrait et on les vidait.
Puis les malheureux étaient alignés, à genoux ;
un valet suivait la file, appuyant la main sur chaque tête pour qu'elle fût en bonne position. Quand
les victimes étaient prêtes, on élevait la bannière de
la mort, et, sur ce simple signal, sans qu'un ordre
fût donné, au milieu du plus profond silence, on
entendait une rapide succession de coups sourds et
pesants. Les bourreaux, vêtus de blouses rouges,
coiffés d'un diadème de cuivre, commençaient leur
œuvre de mort. Jamais deux coups n'étaient frap-
pés ; la tête roulait immédiatement sur le sol ; il
fallait seulement, de temps à autre, changer le cou-
telas, qui se tordait. On comptait trois secondes
pour achever un rebelle et cinq minutes, à trois,
pour en exécuter cent. Le plus long était d'enlever
les cadavres, qu'on jetait dans de grossiers cer-
cueils toujours confectionnés d'avance, et dont
une bonne moitié était d'ordinaire volée par les
exécuteurs. En pressant un peu, un seul suffisait
pour deux [1].

[1] On peut s'assurer de l'exactitude de ces affreux détails en
lisant un article de la *Revue britannique* du 1er janvier 1859.
J'atténue plutôt que je n'exagère. Le très-intéressant travail de
MM. Yvan et Callery sur l'insurrection chinoise contient
des détails peut-être plus horribles encore, bien qu'ils se rap-

Je le répète, cent mille personnes périrent ainsi, sans distinction de sexe et d'âge, soit à Canton, soit dans le Kouang-si, et parmi elles M. Chappedelaine, l'un de nos plus zélés missionnaires. Une jeune catholique chinoise partagea son martyre, car tout était bon pour le farouche proconsul des deux Kouangs. Quand on lui demandait si jamais il n'avait fait grâce, il répondait laconiquement, mais avec un sourire significatif : « Je n'ai épargné aucun coupable. »

Ceci se passait en 1856. La guerre de Crimée venait de finir; plus de dix ans s'étaient écoulés depuis la signature du traité de Nan-king et de la convention de Wampoa, et ils étaient ou manifestement violés ou incomplétement exécutés. Libres de leur action, la France et l'Angleterre jugèrent qu'il était temps de réclamer du cabinet de Pé-king le règlement définitif des difficultés pendantes. Elles étaient disposées à agir énergiquement au besoin pour obtenir satisfaction, et pour défendre en Chine les intérêts chaque jour plus compromis du commerce, de la civilisation et de la foi. Le gouvernement de Washington, qui préfère, en général, isoler son action de celle des puissances européennes, manifesta d'abord peu de penchant à entrer dans cette sorte de croi-

portent à l'administration de Siu, le prédécesseur de Yeh, et qui fut loin de l'égaler en férocité.

sade diplomatique. Il décida cependant l'envoi
d'un plénipotentiaire ou commissaire extraordinaire, qui, sans doute, devait être invité à concerter ses démarches avec celles des représentants de
la Grande-Bretagne et de la France. Comme on
avait l'expérience des ambassades pacifiques de
lord Amherst et de lord Macartney, les escadres
en station dans les mers de Chine furent ren-
forcées, et dès le mois de septembre 1856, plusieurs navires de guerre étaient réunis à Hong-
kong, à Macao, à l'embouchure de la rivière de
Canton et à Chang-haï. Un incident tout à fait imprévu vint déranger les combinaisons et mettre
l'Angleterre seule aux prises avec l'empire chinois.

Le 8 octobre, une *lorcha* appartenant à un
Chinois de la ville anglaise de Hong-kong, ayant
un équipage chinois, mais des papiers anglais et
un pavillon anglais, fut arrêtée en plein jour à Canton par des soldats de Yeh. On emprisonna l'équipage, on amena le pavillon, et on le déchira aux
applaudissements de la multitude; satisfaction fut
demandée avec d'autant plus d'énergie que l'affaire de la *lorcha* se rattachait à une question très-
grave. Les mandarins n'avaient cédé Hong-kong
qu'avec l'espérance d'y enfermer les Anglais,
comme les Portugais à Macao; ils n'entendaient
pas qu'elle devînt une colonie, le centre d'une
population anglo-chinoise, indépendante de leur
juridiction. Sir John Bowring pensait, au contraire,

que, si les Chinois établis à Victoria, y jouissant
du bénéfice des lois anglaises, n'y trouvaient aucune protection contre les violences des mandarins, tout le prestige européen était détruit, non-
seulement aux yeux des autorités mandchoues,
mais aux yeux de la colonie indigène. Or ce que
j'ai dit de Yeh rendait tout accord impossible. Il ne
voulait pas céder, et sir John Bowring ne le pouvait pas. En Chine, il ne faut jamais reculer; c'est
ce qui ressort de tout ce qui précède; chaque concession est considérée comme une défaite; les Anglais venaient d'en faire l'épreuve à propos de
leur droit d'admission dans la ville murée, et les
arcs de triomphe étaient là pour en témoigner.
Dans tous les cas, il importait de mettre un terme
à l'arrogance des Cantonnais; aussi les hostilités
commencèrent-elles avec la plus grande énergie.
En trois jours, tous les forts de la rivière de Canton furent démantelés par l'amiral Seymour; le 25,
il s'embossait devant Canton, bombardait le quar-
tier de la ville où se trouvait le palais du vice-roi,
et le 29, forçant l'enceinte, il chargeait ses com-
pagnies de débarquement d'exécuter le traité de
Nan-king.

Ce ne fut d'ailleurs qu'un coup de main, les
forces de l'amiral Seymour ne lui permettant pas
d'occuper une ville aussi populeuse que la capitale
du Kouang-tong, et son intention n'étant pas de
commencer une guerre en règle sans instructions

de son gouvernement. Pendant quatre mois, les hostilités dégénérèrent en petits combats partiels entre les Anglais et les Chinois. Les Américains eurent, eux aussi, à défendre leur drapeau, et le commodore Armstrong, après une vive canonnade, s'empara des forts de la Barrière. De son côté, Yeh mettait à prix les têtes des Anglais, et M. de Courcy, chargé d'affaires de France en l'absence de M. de Bourboulon, protestait énergiquement en ces termes : « M. le vice-consul de Sa Majesté Impériale à Canton vient de m'adresser des exemplaires d'une proclamation et d'un avis qui ont été affichés sur les murs de la ville. La première promet trente livres sterling au nom de Votre Excellence, et la seconde cent taëls au nom du « comité de coopération, » à tout Chinois qui coupera la tête d'un Anglais. Bien que ces documents soient revêtus de caractères qui paraissent en attester l'authenticité, je ne puis croire, noble commissaire impérial, qu'ils émanent de votre initiative ou que vous les ayez autorisés. Votre Excellence sait bien que ce n'est pas ainsi que les nations civilisées se font la guerre, et que la raison et l'équité protestent hautement contre cet encouragement donné à la perfidie et à l'assassinat. Mes nationaux et les sujets de Sa Majesté Britannique portent le costume européen. Il pourrait donc arriver que, les instincts pervers de la populace venant à être excités par ces odieuses proclamations, elle ne confondît, dans l'accomplissement de ses aveugles vengeances, les Français et les Anglais. S'il arrivait qu'un des sujets de mon grand empire en devînt la victime, je me verrais dans l'obligation de considérer le gouvernement de Votre Excellence comme responsable de ce forfait. »

Dès le début, Yeh avait essayé d'isoler l'Angleterre, particulièrement vis-à-vis de la France. Il avait à cet effet transmis des explications à notre consul, mais elles furent jugées peu satisfaisantes par M. de Courcy. Il répondit directement, de manière à faire entendre au vice-roi qu'il partageait à son égard les sentiments qui animaient tous les représentants des puissances étrangères. Notre légation garda néanmoins la neutralité de fait, attendant des instructions et exprimant à sir John Bowring l'adhésion morale qu'elle donnait à son attitude. « Je n'ai pas besoin de faire remarquer à Votre Excellence, continuait M. de Courcy, que cette adhésion est un nouveau témoignage aux yeux du gouvernement chinois de cette identité d'intérêts et de cette unité de vues qui doivent diriger nos efforts vers le but commun de la révision des traités. »

A la nouvelle de ces graves événements, l'opposition prit feu et flamme au sein du parlement anglais. Plusieurs tentatives de coalition avaient échoué durant les sessions précédentes : l'occasion parut favorable pour faire une tentative contre le

ministère. Peelistes et tories s'improvisèrent les
défenseurs du vice-roi, dont ils ne se souciaient
guère, contre lord Palmerston qu'ils tenaient à
renverser. Dans les deux chambres, des motions
de blâme donnèrent lieu aux discussions les plus
passionnées. A la chambre des communes, le débat dura trois nuits. M. Cobden, l'homme du con-
grès de la paix, l'auteur d'une des motions chinoises, finit par l'emporter sur le cabinet, de 16
voix. Lord Palmerston, sous le coup dé cet échec,
n'hésita pas à provoquer la dissolution de la
chambre et à faire appel au pays. Les élections ne
pouvaient être douteuses. Elles assurèrent la victoire définitive du ministère, laissant sur le car-
reau M. Cobden, M. Bright, malgré sa popularité,
la plupart des peelistes et tous les chefs de l'école
de Manchester.

Maître du terrain, lord Palmerston prit toutes
les dispositions nécessaires pour donner une im-
pulsion rapide aux affaires de la Chine. Il fit choix
de lord Elgin, ancien gouverneur du Canada, et
l'investit de pleins pouvoirs en qualité de commissaire extraordinaire. M. le baron Gros devait l'ac-
compagner, avec un titre et des pouvoirs égaux.
On renforça l'escadre de l'amiral Guérin par l'envoi
d'une forte division navale placée sous le commandement du contre-amiral Rigault de Genouilly.
Quant au cabinet de Washington, sans se concerter
avec la Grande-Bretagne, il comprit qu'il ne pou-

vait rester témoin inactif des incidents du drame qui allait se jouer au fond de l'Orient. Il désigna M. Reed pour le représenter dans les mers de Chine, et accrut également l'effectif de sa division navale.

Lord Elgin venait de relâcher à Singapore, une colonie anglaise située à l'extrémité de la presqu'île de Malacca, quand il apprit qu'une insurrection formidable s'était déclarée dans l'Inde et qu'elle gagnait comme l'incendie. Le Bengale était en feu. Non-seulement le gouvernement de Calcutta ne pouvait plus fournir de renforts pour la Chine, mais encore il fallut faire débarquer à la hâte toutes les troupes que l'Angleterre dirigeait sur Hong-kong. Lord Elgin, cédant aux pressantes instances de lord Canning, n'hésita pas à se priver de forces dont l'appui était cependant si nécessaire au succès de sa difficile mission. Il arriva devant Canton le 2 juillet, hors d'état de rien entreprendre, obligé d'ajourner toute lutte sérieuse et par conséquent toute négociation efficace, pendant que Yeh faisait incendier par ses émissaires les magasins anglais de Hong-kong et qu'on y empoisonnait les boulangeries.

Enfin, le 14 octobre, la frégate la *Némésis* parut devant Macao, portant le pavillon du contre-amiral Rigault de Genouilly, avec le reste de l'escadre française. M. Gros était à bord de l'*Audacieuse*, et se rendit de suite à la résidence de lord

Elgin. Il fut décidé qu'on attaquerait Canton, mesure à peu près nécessaire dans l'état des choses, mais à coup sûr fort préjudiciable aux opérations décisives qu'on se proposait de tenter vers le nord. Prendre cette ville, c'était se condamner à l'occuper, et par conséquent à réduire d'une manière sensible le chiffre des troupes disponibles.

Yeh faisait ses préparatifs de défense. Il avait 7,000 hommes de troupes tartares, commandées par un général également tartare, colosse de six pieds, qu'on eût pu croire invincible; la populace fanatisée ne demandait qu'à couper des têtes; des milices occupaient la campagne. Il est vrai qu'elles se montraient plus disposées à piller l'habitant qu'à faire le coup de feu contre l'ennemi. L'engagement commença le 28 décembre 1857, à neuf heures du matin. Le 29 au soir, on avait successivement éteint tous les forts détachés; Canton était à nous. Il avait suffi de 4,500 hommes de débarquement.

Des colonnes françaises se lancèrent dans la ville à la recherche de Pi-kouéi, le gouverneur, et du général tartare, qui, par parenthèse, n'avait pas paru sur les remparts, ni essayé de rallier ses sept mille soldats. Tous deux furent arrêtés sans opposer de résistance.

Le général se borna à se retirer de chambre en chambre, jusque dans le réduit le plus secret de sa maison. C'est là qu'on le saisit. Une colonne anglaise s'avançait de son côté avec mission de s'emparer de Yeh. Pendant l'action, il s'était réfugié dans son palais, fumant sa pipe sous un abri de balles de coton destinées à le défendre des projectiles. Depuis, il avait disparu. On espérait le trouver à la Bibliothèque ; on n'y trouva qu'un étudiant, qui se donnait toutes les peines du monde pour paraître absorbé dans sa lecture. Après avoir déclaré d'abord qu'il ignorait la retraite du vice-roi, il finit par avouer le contraire. On le prit pour guide, et les deux cents hommes dont se composait le détachement s'engagèrent résolûment, l'arme au bras, au travers de l'inextricable dédale des petites rues de Canton. Une foule immense se pressait autour d'eux. « Place, criait le guide, *ces messieurs* viennent de faire une visite respectueuse à Pikouéi, et ils vont en faire une à Yeh. » La foule s'écartait un moment, pour se refermer sur la colonne. On marchait depuis longtemps, le Chinois allant toujours, et l'inquiétude commençait à gagner les matelots : « Ne craignez rien, répondit un officier, j'ai ma boussole, nous nous retrouverons. » Enfin, à 3 milles au delà, vers l'extrémité sud-ouest de la ville, l'étudiant s'arrêta devant un pavillon d'assez chétive apparence. — « C'est là, » dit-il. On enfonça la porte. La maison était pleine de paquets. Comme on commençait les perquisitions, l'un des Anglais aperçut un gros homme qui cherchait à franchir le mur. Son énorme corpulence lui rendait l'opération très-difficile et un matelot qui accourut la lui rendit bientôt tout à fait impossible. Il le prit par la taille et le remit sur ses pieds. C'était Yeh, le farouche exécuteur des vengeances de son maître, l'homme qui mettait à prix la tête des barbares aux cheveux rouges. Il tremblait de tous ses membres.

Il essaya de nier son identité, démentant ses assertions par la terreur qui se lisait sur son visage, et ne se remit que quand on lui eut promis la vie. Reprenant alors toute son arrogance, et se plaçant fièrement sur son siége, il affecta de rire quand on lui annonça qu'il fallait partir.

On le conduisit chez l'amiral, et, en attendant que ce dernier fût prévenu, on le fit asseoir dans une chambre. Son œil fauve laissait percer l'expression d'une férocité implacable qui inspirait un involontaire effroi; tandis qu'il frappait la table de ses ongles longs et sales, il promenait un regard perçant tout autour de l'appartement et scrutait attentivement les physionomies. Sa dignité était trop affectée pour commander le respect, alors même qu'on aurait oublié ses actes, mais à coup sûr elle n'inspirait pas le mépris.

Yeh se montra très-hautain vis-à-vis de l'amiral, au point qu'il fut nécessaire d'abréger l'entrevue. Quand ce dernier lui demanda si M. Cooper, l'un de ses prisonniers, était encore vivant, le vice-roi éclata de rire. L'amiral s'informant encore s'il avait d'autres prisonniers anglais : — « J'ai pris soin de les faire enterrer, répondit Yeh ; je puis vous montrer leurs tombeaux. »

On l'embarqua pour Calcutta, où il est mort il y a peu de temps, si je ne me trompe, et où il reçut le décret impérial qui le destituait. Il ne comprenait pas que le gouvernement de l'Inde n'eût pas fait trancher la tête à tous les souverains indigènes de la péninsule du Gange ; aussi le méprisait-il profondément. Sa seule distraction était de lire les journaux, ou plutôt de se les faire lire, espérant toujours apprendre la chute de lord Palmerston.

Ainsi finit un des représentants du vieux parti chinois, après avoir versé plus de sang qu'aucun des hommes de son temps. Il était parti de rien et il avait une fortune considérable, fruit de vingt-cinq ans de prévarications. J'ai tenu à lui consacrer quelques pages, parce qu'une figure comme celle-là caractérise le gouvernement qui l'emploie ; parce que c'était l'homme de Hien-foung, et que c'est à Hien-foung que nous avons affaire.

Pi-kouéi fut plus docile et le général tartare moins superbe. Ils consentirent à rester en place et à administrer pour les alliés. On leur adjoignit seulement un comité mixte composé d'officiers des deux nations. Pendant ce temps lord Elgin et le baron Gros envoyaient à Chang-haï MM. de Contades et Olyphant, porteurs de dépêches pour le gouverneur. Ils demandaient l'envoi dans cette ville, avant le 1er avril 1858, de commissaires impériaux munis de pleins pouvoirs pour reviser les traités et conclure définitivement la paix. Les deux envoyés, trouvant le gouverneur absent, allèrent sans hésiter jusqu'au gouverneur de la province, qui résidait à Sou-tchou, l'une des villes les plus considérables de la Chine. Ils remirent leurs dépêches, à la grande stupéfaction du *fou-taï*, qui ne s'attendait pas à pareille visite. Mais le 1er avril arriva, et les plénipotentiaires ne vinrent pas.

On continua vers le nord. Le 20 avril, les escadres se trouvaient à l'embouchure du Pé-ho. Deux prétendus commissaires furent alors signalés par les hommes de vigie. Ils n'avaient ni instructions ni pouvoirs, et se disaient « chargés verbalement par l'Empereur de traiter avec les nations qui se trouvaient dans le port. » On récrivit au premier ministre, qui désigna le gouverneur général du Pé-tchi-li; mais ce dernier, en informant de sa nomination lord Elgin et le baron Gros, se borna à déclarer « qu'il venait savoir ce qu'ils désiraient, pour en référer à Pé-king et avoir des instructions. » C'était le cas d'en finir avec d'incessantes tergiversations. Cependant, vu l'embarras de la situation et l'insuffisance des forces dont ils disposaient, les ambassadeurs souscrivirent encore à de nouveaux délais, qui se prolongèrent jusqu'au 12 mars, sans amener autre chose qu'une réponse évasive équivalant à un refus. Que faire? Rétro-

grader? Nul n'y songeait. On avança, et on prit les
forts du Pé-ho, puis on remonta le fleuve et on
arriva tant bien que mal jusqu'à Tien-tsin, car une
première exploration, dont on avait chargé deux
canonnières anglaises, ne laissait pas espérer qu'on
pût atteindre cette ville. En 1793, lord Macartney
l'estimait aussi grande que Londres. Sa population
est d'environ 700,000 âmes. Une fois là, il n'y
avait pas moyen d'aller plus loin; c'était déjà beaucoup que de s'y maintenir. Heureusement qu'il se
présenta enfin deux plénipotentiaires sérieux. Le
premier était un vieillard de soixante-treize ans, aux
manières polies, ne manquant ni de formes ni de distinction. On le nommait Kouei-liang. Le second paraissait plus grave et plus taciturne. Il appartenait
à l'armée et s'appelait Houa-cha-na, nom qui indiquait son origine tartare. Par un singulier jeu de la
nature, il ressemblait frappamment à Cromwell, et
ce dût être un sujet de surprise pour les officiers
anglais de retrouver sur l'impassible figure de ce
soldat mandchou les traits historiques du célèbre
Protecteur.

Peu de jours après, ils furent rejoints par Ki-
ying, notre ancienne connaissance. L'Empereur
venait de penser à lui à la nouvelle de nos victoires,
et, sans la prise de Canton, il eût été certainement
le bienvenu. Malheureusement on avait découvert
dans les papiers de Yeh des lettres assez compro-
mettantes pour le signataire des traités de Nan-king

et de Wampoa. Il s'y exprimait sur le compte des Européens en termes qui ne témoignaient pas toujours d'une excessive droiture. Lord Elgin montra peu d'empressement à traiter avec lui, et les deux premiers plénipotentiaires, jaloux de la présence d'un tiers, se hâtèrent d'écrire à Pé-king pour demander son rappel. Ils l'obtinrent, et je ne sais si ce fut heureux ; Ki-ying était en effet l'homme le plus intelligent de l'empire. A côté de certains passages où perçait l'esprit chinois, peu scrupuleux en matière de diplomatie, j'en citerais d'autres, dans cette fameuse correspondance, qui attestaient la supériorité de l'homme d'État. D'ailleurs, il avait été disgracié pour avoir compris la supériorité européenne. Il semblait qu'il fût plus facile de s'entendre avec lui. Peut-être n'est-ce qu'une illusion de ma part, le regret de sacrifier la seule figure un peu intéressante que j'aie rencontrée jusqu'ici, quoique avec les Chinois tout soit possible. Qu'on me le pardonne, ne fût-ce qu'en considération de ce que nous réservaient les Kouei-liang et les Houacha-na, les nouveaux plénipotentiaires et nos nouveaux amis.

Les conférences commencèrent. On négocia très-activement, de concert avec les envoyés russes et américains, qui, depuis l'arrivée de l'escadre devant le Pé-ho, suivaient les alliés pas à pas.

L'usage n'étant pas de publier le texte des traités avant l'échange des ratifications, nous ignorons

naturellement encore celui de la convention de
Tien-tsin; mais le *Moniteur* nous a fait connaître
en substance la portée des concessions qu'il ren-
ferme. Ces concessions sont immenses, et jamais
entreprise plus hardie ne parut couronnée de plus
merveilleux résultats. Ils dépassent tout ce qu'on
pouvait prévoir. C'était plus qu'un traité, c'était
presque une révolution. « Tous les principaux ports
du littoral chinois, de même que les voies intérieures de communication, sont ouverts à notre
navigation et à notre commerce. Nos nationaux,
qui, aux termes de la convention de 1844, n'a-
vaient accès que dans cinq ports, pourront désormais, munis de passe-ports, parcourir sans obstacles
toutes les parties de la Chine. Ce n'est plus seulement grâce à un édit spontané du souverain que
les Chinois cessent d'avoir à redouter les persécutions des mandarins, c'est en vertu de stipulations
conventionnelles qui, rendant hommage aux bienfaits de la doctrine chrétienne, abolissent la législation qui la proscrivait et permettent aux
missionnaires de l'Occident de circuler librement
dans l'intérieur de l'empire pour la répandre parmi
les Chinois. Le vice-roi de Canton cesse d'être
l'intermédiaire obligé de nos communications; le
représentant de la France traitera directement avec
le cabinet de Pé-king, et il obtient à cet effet le droit
de résidence dans cette capitale. Les avantages de
cette concession, contre laquelle se révoltait sur-

tout l'orgueil chinois, sont manifestes. On n'aura
plus à craindre que la déloyauté de certains fonctionnaires entrave la solution prompte et satis-
faisante de tous les différends qui pourraient surgir.
Ces communications directes avec le cabinet chinois
auront pour conséquence de dissiper plus d'une
idée fausse et d'éclairer sur bien des points un
gouvernement qui a presque tout à apprendre sur
les nations de l'Occident. Le commerce recevra de
nouveaux développements à la faveur des droits
acquis désormais aux négociants d'acheter, directement et sans intermédiaire, les marchandises sur
le lieu même de production. Une révision nouvelle
des tarifs harmonisera les droits de douane avec
les variations de prix. Les marchandises n'auront
plus à subir les surtaxes arbitraires dont les mandarins provinciaux les frappaient au passage; le
gouvernement publiera une taxe de transit uni-
forme. Le droit de tonnage sera également abaissé.
Depuis longtemps la navigation commerciale ré-
clame une sécurité qui lui manque dans les mers
où la piraterie exerce impunément ses ravages;
des mesures seront prises pour la destruction de
ce fléau. Enfin le gouvernement chinois s'est engagé
à payer à la France une somme de 15 millions de
francs, tant en réparation des dommages éprouvés
par les négociants français qu'en compensation des
frais occasionnés par la guerre. »

C'est le 27 juin qu'eut lieu la signature du traité

français. Voici le récit de cette cérémonie d'après une correspondance du *Moniteur*. « À son arrivée dans la cour intérieure de la pagode, le baron Gros a été reçu par les deux hauts commissaires de la dynastie Ta-tsing, entourés d'une foule de mandarins à globules bleus, blancs, de toutes couleurs. On s'assied, on prend le thé, et l'on s'adresse de mutuelles félicitations au sujet de la paix, de la bonne intelligence si heureusement rétablie. L'ambassadeur engage les commissaires impériaux à signer les premiers sur le texte chinois, en se réservant de signer le premier sur le texte français. Kouei-liang et Houa-cha-na prennent leur pinceau et dessinent successivement, sur les divers exemplaires du traité, les caractères qui forment leur signature. Pi-hen, leur secrétaire, qui a joué un rôle actif dans les conférences, tient entre ses mains et imprime sur le traité le grand sceau récemment arrivé de Pé-king. Lorsque M. le baron Gros appose à son tour, et le premier, sa signature sur le traité français, les troupes massées dans les cours de la pagode présentent les armes et font entendre le cri de *Vive l'Empereur !* Son Excellence propose ensuite à Kouei-liang de choisir celui des deux exemplaires qui doit être envoyé à Pé-king, et il le lui offre après l'avoir enveloppé dans un riche étui de soie bleue brochée d'or, apporté de Paris. Se tournant alors vers les commissaires, le baron Gros leur exprime tous ses vœux pour la prospé-

rité de la Chine et boit à la santé de l'empereur
Hien-foung. Les deux hauts dignitaires répondent
quelques paroles gracieuses pour l'ambassadeur,
et, faisant remplir leurs coupes d'un vin tiède et
sucré, ils les vident à la santé du souverain du
grand empire de France, et montrent, en les ren-
versant, qu'ils n'ont rien laissé dans le fond. On
apporte du thé, des fruits, tout un dîner chinois
préparé pour la circonstance. Après le repas,
M. le baron Gros prend congé des deux hauts commissaires, et le cortége se remet en marche dans le
même ordre qu'à l'arrivée. A l'approche de la nuit,
on allume des flambeaux et des torches dont les
reflets éclairent les longues files de curieux qui
encombrent les rues et se projettent sur les eaux
du grand canal et du Pé-ho. Les canonnières et
l es troupes anglaises rangées sur les quais pous-
sent des hourrahs répétés; les canonnières françaises font partir des boîtes d'artifice, et leurs mâts
et leurs cordages apparaissent au milieu d'une
brillante illumination. Des feux de Bengale, allumés
à l'arrivée de l'ambassadeur dans la cour du *Ya-
moun*, font ressortir les pittoresques contours de
l'architecture chinoise, dont les toits et les figures
fantastiques, délabrés par l'incurie de leurs posses-
seurs, semblent devoir une nouvelle vie au contact
de la civilisation de l'Occident. »

Aussitôt que le traité fut connu en France par
le *Moniteur*, en Angleterre par des communica-

tions officieuses du gouvernement, il provoqua de chaque côté du détroit un enthousiasme difficile à décrire. On y vit avec raison un des plus grands événements de notre époque. La Chine entrait à son tour dans la société des peuples civilisés, et le code des nations allait enfin régir l'empire vermoulu des Fils du Ciel. D'immenses perspectives s'ouvraient à l'imagination, des débouchés sans fin à l'activité européenne. Un traité sérieux, conclu dans de pareilles conditions, laissait entrevoir comme conséquences nécessaires des résultats comparables à la découverte du nouveau monde, et même des transformations plus rapides, puisque l'Europe était à Hong-kong, à Macao, à Manille, à Sydney, dans toute l'Océanie. Cependant, dès les premiers jours, une ou deux personnes que je pourrais nommer, bien au fait de l'extrême Orient, émirent des doutes sur la valeur réelle des stipulations de Tien-tsin. Il leur parut difficile d'admettre qu'elles eussent été portées à la connaissance de l'empereur Hien-foung. Se rappelant le rapport de l'amiral Rigault de Genouilly, elles avaient peine à croire que Houa-cha-na eût été plus hardi que Ki-ying et surtout plus heureux. C'était pousser bien loin le scepticisme. D'autres, sans aller jusque-là, s'étonnaient de conditions si facilement consenties, quand les alliés, arrivés péniblement jusqu'à Tien-tsin, en échouant plus de trente-deux fois, n'étaient guère en position de dicter la paix.

Dans leur conviction, les protocoles de Tien-tsin
cachaient un nouvel artifice de la duplicité asiatique, un jeu dans le présent, peut-être un guet-
apens dans l'avenir; on voulait éloigner l'ennemi,
rien de plus; nos canonnières hors de vue, on ferait du traité ce qu'on voudrait, et cela d'autant
mieux qu'il ne stipulait aucune garantie. Qui avait
tort? qui avait raison? la suite nous le montrera.
Pour le moment, je veux seulement ajouter que
la *Gazette de Pé-king* ne parla jamais des négociations; que le numéro du 26 juillet annonçait que
« les barbares, après avoir poussé brusquement
une pointe jusqu'à Tien-tsin, s'étaient retirés sur
l'ordre de Kouei-liang et de son collègue, ordre
donné avec une amicale fermeté; » que si l'on dis-
tribua dans les ports quelques exemplaires de
cette feuille manuscrite, en très-petit nombre,
portant que les meurtriers de M. Chappedelaine
seraient recherchés et punis, les gouverneurs rece-
vaient pour instructions de redoubler de sévérité
à l'égard des chrétiens; qu'enfin on s'occupa sans
retard de relever les forts, d'augmenter les défenses
du Pé-ho, et qu'un membre de la famille impériale,
un Mongol, Sung-ko-lin-sin, le seul général qui
eût jusqu'alors remporté quelque avantage sur les
rebelles, fut chargé d'occuper avec des forces considérables toute la province du Pé-tchi-li.

CHAPITRE CINQUIÈME.

LE PRÉTENDANT ET LA GRANDE INSURRECTION.

Depuis deux cents ans, époque de la conquête tartare, la Chine est couverte de sociétés secrètes, l'arme anonyme des peuples en décadence. C'est là que s'entretient dans l'ombre, malgré les lois les plus sévères, malgré le système d'isolement qui fait la force du pouvoir central, la haine du nom mandchou et le principe de la nationalité chinoise. Ce carbonarisme est un peu partout, sous diverses formes, et ses adeptes font bande à part, même en Californie.

Déjà, au commencement du siècle, une insurrection s'était développée dans le centre et dans les parties nord-ouest de l'empire. Il fallut plusieurs années pour l'étouffer. Survint la guerre de 1840. Une armée anglaise s'était emparée de Chou-san. Elle allait débarquer sur les bords du Yang-tse-kiang, et nul ne savait où elle s'arrêterait. Sous le coup d'un danger si menaçant, le gouvernement essaya d'employer en grand le procédé qui de

tout temps lui avait si bien réussi à Canton. Il
voulut surexciter les passions populaires et déter-
miner un mouvement national fatal aux étrangers.
A cet effet il provoqua des réunions publiques,
envoya des orateurs gagés dans les principales
villes du littoral; ses agents prêchèrent la guerre
sainte, une croisade de l'Asie contre l'Europe. Le
succès dépassa ses espérances; le peuple jura de
défendre l'intégrité du territoire; il demanda des
armes à grands cris, et la Chine, sans qu'on s'en
doutât en Europe, eut des clubs armés et des
réunions démocratiques autorisées [1].

Le canon de l'armée anglaise calma bientôt
cette effervescence, et le soulèvement ne fut d'aucune utilité. Mais, après la paix, les réunions populaires reprirent clandestinement, et les orateurs
du gouvernement firent place à leurs nombreux
contradicteurs. Ceux-ci, dans des discours passion-
nés, accusèrent le pouvoir d'incurie et d'impuissance, et les mêmes hommes qui se seraient attri-
bué le mérite de la victoire, n'hésitèrent pas à
rejeter sur l'Empereur la responsabilité de la défaite.

C'est ce qu'attendaient les membres des sociétés

---

[1] *L'Insurrection en Chine*, par MM. Callery et Yvan. J'emprunte à ce livre la plupart des détails qui vont suivre et qui se
rapportent à la première partie de l'insurrection. M. Callery, aujourd'hui interprète de l'Empereur, était interprète de la légation
de M. de Lagrené, et M. Yvan médecin de l'ambassade.

secrètes. Ils se mirent à la tête de ces réunions. Ils profitèrent de l'humiliation nationale pour éveiller les sentiments de haine que les populations nourrissaient au fond du cœur contre la dynastie étrangère, et ils prêchèrent l'expulsion des Mandchoux. Certes, la cour de Pé-king eût bien voulu alors comprimer le mouvement qu'elle avait provoqué; mais elle hésita, les clubs lui firent peur.

D'un autre côté, ces mêmes Européens contre lesquels on avait voulu armer la Chine, ne s'étaient pas bornés à répondre à coups de canon; ils avaient mieux que cela pour ébrécher l'empire : leur civilisation et leurs idées. Or l'idée européenne, c'est surtout l'idée chrétienne. Cette idée, nos missionnaires la propageaient au prix de leur sang; Gutzlaff, un Poméranien, secrétaire interprète du gouvernement de Hong-kong, la répandait à sa manière, au moyen de sa fameuse *Union chinoise*. Elle s'infiltra, elle pénétra peu à peu, en se dénaturant et en se transformant d'une manière bizarre, pour aller germer au sein du carbonarisme. Les chefs l'accueillirent comme un renfort et s'en servirent comme d'un levier, sachant bien que la haine d'une dynastie ne suffit pas pour passionner un peuple corrompu. Dans l'esprit des meneurs, la révolution était politique; ils la firent religieuse afin d'entraîner les masses, et la secte des *adorateurs de Dieu,* fondée par Hung-tze-tzuen, devint le symbole du mouvement, le noyau autour duquel se groupèrent les éléments les plus hétérogènes, les sociétés secrètes, les ambitieux, les mécontents, même les hardis pirates qui dépeuplaient les côtes.

J'ai dit quelles furent les conséquences de l'avénement de Hien-foung, une réaction complète, le despotisme des agents d'un pouvoir aveugle, rendu plus lourd encore par d'incroyables prévaricateurs, tout l'arsenal de la vieille barbarie asiatique. L'abandon de la politique paternelle ne porte pas bonheur au nouveau monarque. Peu après la victoire du parti rétrograde, on eut la première nouvelle de la révolte du Kouang-si, la plus méridionale des provinces de la Chine. C'est un pays singulièrement tourmenté par la nature, hérissé de montagnes incultes, de crêtes décharnés; sillonné de gorges profondes au fond desquelles se précipitent d'impétueux torrents. Aucun point ne pouvait être mieux choisi pour devenir le foyer de l'insurrection, qui déborda bientôt, battant partout les troupes impériales, et jetant au vent la singulière proclamation que voici :

« Les Mandchoux, qui depuis deux siècles occupent héréditairement le trône de Chine, sont originaires d'une petite peuplade étrangère. A l'aide d'une armée aguerrie, ils se sont emparés de nos trésors, de nos terres et du gouvernement de notre pays; ce qui prouve que pour usurper l'empire il s'agit seulement d'être le plus fort. Il n'y a donc pas de différence entre ceux qui mettent à contribution les villages dont nous nous emparons, et les fonctionnaires envoyés de Pé-king qui prélèvent l'impôt. Ce qui est bon à prendre est bon à garder. Pourquoi donc envoie-t-on, sans aucun motif, des troupes contre nous? Les Mandchoux, qui sont étrangers, ont le droit de prélever les revenus des dix-huit provinces et de nommer des officiers qui oppriment le peuple, et à nous qui sommes Chinois, il nous serait interdit de prélever quelque argent sur la fortune de tous! La souveraineté universelle n'appartient à aucun individu à l'exclusion de tous les autres, et l'on n'a jamais vu une dynastie compter une lignée de cent générations d'empereurs. Le droit de gouverner, c'est la possession. »

C'était le côté financier de la question ; il fallait vivre. Le côté politique et national se traduisit par une manifestation d'une autre nature, bien autrement grave aux yeux du gouvernement chinois, puisqu'elle équivalait à un acte de haute trahison : les rebelles laissaient pousser leurs cheveux et coupaient partout la longue queue nattée, mode tartare imposée par les conquérants mandchoux. Rien ne caractérisait mieux le mouvement que cette guerre de ciseaux, marchant de pair avec la guerre à coups de fusil.

A l'audacieux défi des rebelles du Kouang-si, le gouvernement répondit par les mesures les plus énergiques. Un commissaire impérial fut envoyé sur les lieux, et on lui donna pour lieutenant un homme dont le nom seul inspirait la terreur, Tchang-tien-tsio, ancien gouverneur du Ho-nan. Pendant qu'il administrait cette province, l'usage de l'opium se propageait d'une manière effrayante. Afin d'arrêter les progrès du mal, le terrible mandarin n'avait pas trouvé de remède plus efficace que de faire couper la lèvre inférieure à tous les fumeurs, dûment convaincus du fait. M. Callery, se trouvant alors en Chine, a vu de ses yeux plusieurs de ces malheureux ; leur aspect était horrible. L'opération, faite par d'inhabiles bourreaux, avait laissé des traces hideuses. Les chairs étaient comme déchiquetées, et la cicatrice ressemblait à une plaie béante. Tchang-tien-tsio allait réformer le Kouang-si comme il venait de moraliser le Ho-nan.

Pendant plusieurs mois, les exécutions se multiplièrent ; on coupait des têtes, on dépeuplait des villages entiers, mais les troupes étaient toujours battues et l'insurrection grandissait. Un jour, on apprit à Pé-king que le mouvement avait une âme : qu'en face de l'empereur tartare il se dressait un compétiteur, un prétendant et un prophète, l'héritier vrai ou faux de l'ancienne dynastie des Ming et l'apôtre d'une religion nouvelle. Il se faisait appeler « le Prince du Ciel », en attendant de s'appeler Taï-ping, de son nom de règne. Je le désignerai sous ce nom.

On le disait très-jeune encore, mais prématurément vieilli par l'étude : grave et triste, vivant fort retiré, ne communiquant avec ceux qui l'entouraient que pour donner ses ordres. Sa physionomie, assurait-on, exprimait la douceur, mais cette douceur propre à certains ascétiques, qui n'exclut ni la fermeté ni une espèce d'obstination particulière aux natures croyantes. On ne lui connaissait qu'un seul conseiller. Était-ce son père, son maître, ou seulement son ami? Nul ne le savait. Seulement ce conseiller mystérieux le suivait partout. Entouré d'officiers solidaires de sa fortune, il paraissait mieux servi que l'Empereur lui-même, et se tenait toujours à l'écart, pendant que ses généraux gagnaient des batailles. C'était déjà de la légende. Taï-ping avait 37 ans.

En mai 1854, Siu, vice-roi des deux Kouang, eut ordre de se porter à sa rencontre avec trois mille hommes. Il se mit en route, semant plus d'argent qu'il ne livrait de combats, mais encombrant la *Gazette de Pé-king* du récit de ses victoires. Dans quelques-uns de ces singuliers documents, « on racontait les prodigieux effets d'un boulet de canon qui avait enlevé toute une file de l'armée ennemie, et on demandait une récompense pour le canonnier qui avait pointé le coup. Un autre bulletin affirmait que, dans une seule action, huit cents hommes avaient été tués par une seule décharge, et que le même jour les vainqueurs avaient pris trois villes d'assaut. Tous ces contes bleus sont accompagnés de noms et de dates précises ; rien n'y manque, pas même le paraphe officiel[1]. » C'est ainsi qu'on écrit l'histoire à Pé-king. Le mouvement s'est étendu sur une moitié de l'empire, et les bulletins de victoire n'ont presque jamais tari.

Le 29 septembre 1851, l'insurrection touchait aux frontières du Ho-nan ; elle battit les troupes impériales et emporta d'assaut la ville départementale de Ping-lo. Tous les fonctionnaires qui refusèrent de reconnaître le nouvel empereur furent mis à mort ; mais une proclamation de Taï-ping rassura les habitants, les engageant à se livrer tranquillement à leurs travaux, et autorisant ceux qui voudraient quitter la ville à se retirer avec ce qu'ils pourraient emporter. Quelques-uns en profitèrent et s'en repentirent, car ils tombèrent entre les mains des impériaux, qui les dévalisèrent. C'est tout ce que savait faire l'armée chinoise, fuir devant l'ennemi et piller les campagnes. Comment s'en étonner quand on sait que l'armée indigène, méprisée de tout le monde, ne se compose que de la lie de la population, de désespérés qui n'ont d'autre alternative que d'endosser la casaque ou de rançonner les passants sur les canaux, et quand un amiral, celui de Fo-kien, osait écrire à l'empereur : « La mer était alors si irritée et le vent si violent que des hommes de rapine pouvaient seuls faire voile ; il aurait fallu n'avoir aucun souci de sa propre

[1] *L'insurrection en Chine.*

conservation pour oser les poursuivre sur l'Océan? »
Je dois ajouter que l'amiral fut destitué.

Pendant ce temps que devenait Hien-foung? Il se
livrait à tous les plaisirs d'une cour somptueuse,
entouré de ses concubines et de ses favoris. Il faisait des vers sur les victoires de ses généraux tartares; puis quand il arrivait quelque désastre trop
éclatant pour qu'on pût le lui cacher, il lançait
des ordres furieux, mandant par exemple au gouverneur du Kouang-si « d'avoir à reprendre avant
quinze jours la ville de Young-gan-tchéou, faute
de quoi les généraux Hiang-ing, Ou-lan-taï et
Tien-san auraient la tête tranchée; » il dégradait
les fonctionnaires des provinces, des départements
et des districts dans lesquels se propageait l'insurrection; il publiait des édits avec de longs consi-
dérants sur les fautes commises par ses officiers,
terminés le plus souvent par une condamnation à
mort, que les malheureux n'attendaient pas, car,
en Chine, un général qui perd une bataille sait
qu'il n'a qu'à se couper la gorge.

Young-gan-tchéou ne fut pas repris, malgré
tous les efforts des impériaux, et c'est dans cette
ville que le prétendant faisait afficher la proclamation suivante :

« Sachez, peuple, que la Chine appartient aux
descendants de l'ancienne dynastie; ne soyez point
effrayés, vous, étudiants, fermiers, artisans et
négociants, mais restez fermes chacun à votre ou-

vrage. La fortune de la dynastie des Han est sur le point de refleurir, et la dynastie étrangère des Mandchoux touche à sa fin ; c'est un *décret du ciel* sur lequel il ne peut y avoir d'illusion. Après une longue union, la division doit s'ensuivre. Afin que leschoses puissent être sûrement rétablies en publiant des lois, nos souverains ont manifesté leur bienveillance, et, avant de *se prosterner devant l'Être suprême, ils ont toujours porté assistance aux malheureux.* Après avoir appris à *adorer Dieu*, ils se sont efforcés de sauver le peuple des calamités; ils soutinrent le faible, résistèrent au fort, et préservèrent les villages des voleurs et des brigands. Ils ne firent point comme les chefs Taï-té-ou et autres, qui arrêtèrent les jonques dans les rivières, qui pillèrent partout et massacrèrent les habitants des villes et des campagnes, puis qui demandèrent aux mandarins des passe-ports et des sauf-conduits pour se mettre en sûreté. Lorsque nos princes entrèrent dans Young-gan par la volonté du ciel, ils répandirent leur bienveillance sur tout le monde, et, regardant le peuple comme leurs enfants, ils ordonnèrent à l'armée de s'abstenir de meurtre et de rien prendre sans permission; ils sont justes et impartiaux comme la balance: mais si quelqu'un refuse d'obéir, il sera livré aux officiers de l'armée. Nos princes invitent les habitants de tous les districts à se rendre, afin de mériter la récompense qu'on accordera à leur concours volontaire. Ils attendent maintenant d'être rejoints par les chefs des autres provinces pour réunir leurs troupes et aller attaquer la capitale de Pé-king ; après quoi ils procéderont à la division de l'empire. »

Ce manifeste est très-curieux ; au point de vue religieux, il est impossible de ne pas y sentir l'idée chrétienne. Au point de vue politique, il annonce un système nouveau, le système fédératif, substitué au principe de centralisation ; et en effet, quoi qu'on en dise, il n'y a d'homogène en Chine que le despotisme ; le Chinois du nord n'est pas celui du sud, le Chinois de Pé-tchi-li n'est pas celui du Kouang-tong ou du Kouang-si, pas plus peut-être qu'un Irlandais n'est un Espagnol ; ils sont étrangers l'un à l'autre et se considèrent comme tels. Aussi la proclamation n'est-elle pas signée du prétendant, mais d'un chef de bandes nommé Tien-kio, l'un des grands feudataires à venir. Deux ans après, quand l'incendie eut gagné plus de trois cents lieues de terrain, le programme se réalisa, et l'on vit quatre rois, celui de l'est, celui de l'ouest, celui du sud et celui du nord, à peu près comme au temps des Tchéou. Le manifeste nous apprend en outre comment allait procéder l'insurrection ; c'était moins une armée qui, partant du sud, se dirigeait sur le nord, qu'un mouvement qui devait être secondé par d'autres mouvements locaux, de province à province. Elle ne tarda pas à le prouver en entrant presque sans coup férir dans le Hou-nan et dans le Hou-pé. Là, comme ailleurs, elle respecte les particuliers, tout en égorgant les fonctionnaires. Six mille hommes de l'armée passent dans ses rangs, tandis que les mandarins, effrayés de la colère de l'Empereur, n'ont d'autre ressource que de se pendre de désespoir.

Deux ou trois fois déjà, la *Gazette de Pé-king* avait annoncé la capture du prétendant ; une autre fois, sa soumission ; plus tard, on l'avait dit assassiné par les siens. Le prétendant vivait toujours, et n'était ni soumis ni captif. Il en était de ses revers comme des victoires des impériaux. Il atteignait les bords du Yang-tsé-kiang et n'avait plus qu'à se laisser descendre sur Nan-king, la seconde capitale de l'empire. Partout les impériaux fuyaient devant lui ; partout aussi les temples bouddhiques tombaient sous la hache des démolisseurs, ainsi que les monastères des sectateurs de Lao-tseu, qualifiés de « jongleurs » par les chefs de l'insurrection.

A Pé-king, la terreur est grande. Pour une seule armée, les frais de la guerre se sont élevés à 75 millions de francs. Le ministre des finances jette un cri de détresse, et dénonce à l'Empereur un fait scandaleux. Il lui est impossible d'obtenir les comptes des mandarins qui tiennent encore dans les provinces insurgées [1]. Ils se bornent à

[1] *L'Insurrection en Chine,* par MM. Callery et Yvan.

répondre qu'il leur faut 700,000 taëls pour soutenir la lutte, et le trésor est vide. On propose de régulariser le commerce de l'opium, et l'on ose publier dans le *Moniteur officiel de l'empire* le honteux décret dont je reproduis ici les principaux articles :

« L'Empereur ayant chargé le contrôleur de la maison impériale, les ministres du cabinet, les membres du conseil et le bureau des revenus, d'aviser aux moyens de lever de l'argent pour soutenir la guerre contre les rebelles, ces hauts fonctionnaires firent le projet de loi suivant, qui a reçu aussitôt la sanction du pinceau rouge (l'approbation de l'Empereur).

« Le titulaire d'une charge pourra s'exempter à prix d'argent de compléter le temps qu'il serait tenu régulièrement de faire dans cette même charge.

» Les secrétaires du cabinet pourront, à prix d'argent, s'exempter des cinq années de service requises par les règlements avant qu'ils puissent obtenir de l'avancement.

» Tous les fonctionnaires dans la capitale qui, après avoir subi l'examen du premier degré, attendent leur nomination à un poste, pourront acheter une charge.

» Tous les fonctionnaires seront autorisés à acheter des titres honorifiques pour un parent, pendant leur absence pour cause de congé, de maladie, de deuil ou autre.

» Les fonctionnaires congédiés pourront racheter leur grade à prix d'argent.

» La plume de paon pourra être achetée.

» Tous les mandarins du premier ou du deuxième rang qui avaient été dégradés, pourront racheter leurs globules à prix d'argent.

» Tous les fonctionnaires condamnés à l'exil ou à des châtiments pourront se racheter.

» Tous les fonctionnaires transportés dans l'I-li (la Sibérie chinoise) pour un crime quelconque, pourront se racheter.

» Le gouvernement donnera cours à du papier-monnaie comme lors des troubles causés par les barbares sur les côtes du Tché-kiang. » (*Gazette de Pé-king* du 12 novembre 1852).

D'autres décrets se succèdent, ordonnant la concentration sur Nan-king de toutes les troupes disponibles, et des levées en masse dans les principales villes de l'empire ; mais les levées ne produisent rien ; à Chang-haï, dont la population dépasse deux cent mille âmes, le commandant militaire ne peut réunir que cent soldats réguliers et autant de volontaires. Alors l'Empereur appelle sous les drapeaux les contingents mongols du Kirim et de l'Amour. Ils arrivent, et à peine ont-ils mis le pied sur le territoire du Pé-tchi-li que leur général est dégradé « pour s'être conduit en

Chine comme en pays conquis ». Les exécutions continuent; deux officiers de la garnison de Paotchéou, dans le Hou-kouang, ont la tête tranchée; ils ne s'étaient pas trouvés à leur poste le jour du combat; Siu est décapité pour n'avoir pas su vaincre; Saï-chang-ha condamné à mort pour n'avoir pas été plus heureux. L'éternelle *Gazette de Pé-king*, qui depuis quelque temps ne chante plus victoire, apprend à ses trois cents millions de lecteurs que l'on a découvert le tombeau d'un rebelle, « que sa sépulture a été fouillée, et que l'identité du corps ayant été établie, on l'a coupé en morceaux. Six prisonniers, saisis vivants, ont eu le cœur arraché, et ces cœurs, encore palpitants, ont été offerts aux mânes des officiers et des soldats morts dans l'action. » Le trouble s'est emparé de Hien-foung; ce despote sanguinaire porte à la connaissance de tout l'empire les prières qu'il adresse au ciel; il s'abaisse jusqu'à faire sa confession publique : « Rempli de craintes et d'appréhensions, je supplie humblement le ciel de pardonner mes offenses et de sauver mon peuple. »

Dans cette crise suprême, tous les moyens sont bons; l'orgueil du Fils du Ciel fléchit devant les nécessités du moment. Il loue des lorches portugaises pour combattre les pirates qui dépeuplent ses côtes; j'ai dit comment se comportaient les amiraux du Céleste Empire. Il va plus loin, il s'adresse à ces Européens qu'il traite de barbares;

il en appelle à la magnanimité de l'Angleterre et
des États-Unis. « Les navires rebelles sont arrivés
devant Nan-king, écrit le gouverneur du Kiang-nan
à l'intendant de Chang-haï. Que l'intendant se
concerte de nouveau avec les consuls des différentes
nations et qu'il demande immédiatement que le
navire de guerre actuellement mouillé à Chang-haï
(le vapeur anglais *Lily*) soit envoyé attaquer les
rebelles, et qu'il demande ensuite que les navires
de guerre à vapeur dont l'arrivée successive est
attendue, se réunissent et exterminent les bandits.
S'ils font cela, non-seulement S. M. l'Empereur
sera sensible au service rendu, mais les mandarins
et le peuple leur seront reconnaissants pour le
bienfait... Que ledit intendant mette la plus grande
promptitude, car j'en attends le résultat avec la
plus grande anxiété. » Et l'intendant écrit aux
consuls : « D'après la dépêche précitée que je viens
de recevoir du gouverneur, il est de mon devoir
d'en informer l'honorable consul, en vous priant
de faire que les navires de guerre arrivés à Chang-
haï, conjointement avec celui qui est stationné ici
pour la défense du port, aillent immédiatement à
Nan-king, employant leurs forces réunies à attaquer
les rebelles. Je vous prie instamment de donner
promptement cours à cette affaire. Communication
importante [1]. » Quelques mois plus tard, un man-

---

[1] Circulaire adressée par le tao-taï de Chang-haï aux consuls

darin affublait d'habits rouges un régiment chinois, pour faire croire aux insurgés que les Anglais combattaient dans leurs rangs. Hommage singulier autant que compromettant, où la conscience de l'infériorité asiatique le disputait aux calculs de la duplicité.

Nan-king succomba le 21 mai 1853, devant une armée de cinquante mille hommes qui, venant de la province de Nan-hoéi, descendit le cours du Yang-tsé-kiang sur une véritable flotte. Vingt mille Tartares qui composaient la garnison furent massacrés par les vainqueurs; revanche atroce du patriotisme chinois contre la race étrangère! Le prétendant fit son entrée dans cette ville immense, trois fois plus vaste que Paris, l'ancienne capitale des Ming, la capitale actuelle de celui qui se dit leur successeur. Elle est assise au milieu d'une plaine à perte de vue, dont rien n'égale la fécondité, nous dit M. Callery, ni les plaines de la Beauce, ni celles de la Lombardie, ni même celles de la Flandre, cette terre opulente entre toutes. La seule province de Nan-king, connue sous le nom de Kiang-nan, nourrit trente-huit millions d'habitants, dix fois plus que la Belgique, dix fois plus que la Hollande, un peu plus que la France.

On conçoit l'émotion que ces nouvelles produisirent à Chang-haï. Une circonstance l'accrut encore.

de cette ville, le 7 de la 2ᵉ lune de la 1ʳᵉ année de Hien-foung (16 mars 1853).

Les mandarins avaient loué à une maison américaine, pour la somme énorme de 5,000 piastres par
mois, un vieux *receiving-ship* à peu près hors d'état.
Ils lui firent remonter le fleuve, en répandant le
bruit que c'était un secours que les résidents
étrangers envoyaient aux autorités impériales. Les
insurgés jurèrent d'en tirer vengeance, et quand
il prit fantaisie à M. Marshall, ministre des États-
Unis, d'aller voir ce qui se passait à Nan-king, il
eut hâte de rétrograder. Sir Georges Bonham, le
ministre d'Angleterre, ne s'effraya pas de l'insuccès
de son collègue; il partit sur le vapeur l'*Hermès*,
mouilla devant la ville, et envoya son interprète,
M. Meadows, porter une lettre à Taï-ping. Cette
lettre est trop importante pour que je ne la reproduise pas en partie. Il est probable qu'elle était
destinée à demeurer secrète, et qu'elle aura été
divulguée par les chefs des insurgés, intéressés à
faire connaître l'attitude pleine d'égards des Européens vis-à-vis du prétendant.

M. Bonham rappelait les relations commerciales
que l'Angleterre entretenait avec la Chine depuis
deux cents ans. Il déclinait ses qualités, et il ajoutait : « Tout dernièrement on a entendu dire que
le peuple chinois a commencé les hostilités contre
les Mandchoux. Je fus informé aussi que Votre
Majesté s'était emparée de Nan-king, et enfin
d'autres bruits contradictoires. Cependant les autorités mandchoues ont publié des proclamations,

disant qu'elles avaient emprunté un nombre considérable de steamers européens qui auraient remonté le Yan-tsé-kiang pour combattre les troupes de Votre Majesté. Ce sont des assertions mensongères, inventées à plaisir par des fonctionnaires mandchoux. La nation britannique a pour habitude de ne jamais s'immiscer dans les affaires intérieures des pays où ses sujets viennent pour commercer ou s'établir. Comment donc aurions-nous pu prêter nos steamers ? Quant aux *lorchas* (navires portugais) frétés par les fonctionnaires mandchoux, ou aux bâtiments européens achetés par eux, moi, plénipotentiaire, je n'ai absolument rien à voir dans ces opérations. Nous ne permettons pas aux bâtiments anglais de se laisser affréter; mais on achète des vaisseaux marchands anglais exactement de la même manière qu'on achète des cotonnades ou toute autre marchandise, et il serait impossible de l'empêcher. Toutefois des bâtiments anglais vendus ainsi ne peuvent pas se servir du pavillon britannique. Dans le cas où un sujet de notre nation resterait à bord d'un pareil vaisseau et se laisserait employer par les autorités mandchoues, il encourrait notre blâme et perdrait le droit à la protection du gouvernement de la Grande-Bretagne. Votre Majesté étant en guerre avec les Mandchoux, le gouvernement britannique ne désire intervenir en aucune manière; mais comme les sujets britanniques ont fait bâtir à Chang-haï beau-

coup de maisons, d'églises et de magasins, et
comme il y a beaucoup de navires britanniques qui
remontent et descendent le fleuve, enfin comme
Votre Majesté vient d'arriver à Nan-king, ville peu
éloignée de Chang-haï, se proposant, dit-on, de
faire marcher des troupes contre Sou-tcheou et plus
tard contre Chang-haï, je désire être informé des
intentions de Votre Majesté à l'égard de la nation
britannique et de ses intérêts. » (28 avril 1853.)

Nous ne connaissons pas la réponse de Taï-ping,
mais M. Meadows eut une conférence avec le roi
du nord. L'interprète et les officiers de l'*Hermès*
furent admis sans difficulté dans l'intérieur de la
ville et dans le camp de l'armée du prétendant.
Partout ils reçurent un accueil empressé, et les
divers récits publiés dans les journaux de Chang-haï
et de Hong-kong au sujet de cette visite, s'accordent
à reconnaître que le nouveau gouvernement paraissait fonctionner avec un ordre et une régularité
dont l'administration tartare avait depuis longtemps
déjà perdu l'habitude [1].

Le 18 mai, Amoy, l'un des ports ouverts aux Européens, tombait à son tour entre les mains des insurgés. C'était la première fois qu'ils se trouvaient
en contact avec les étrangers, et les inquiétudes
du commerce furent un moment d'autant plus
vives, que pas un navire de guerre n'était à proxi-

---

[1] *Annuaire de la Revue des Deux-Mondes*, 1852-1853, p. 878.

mité. Malgré les proclamations du général Lin, on pouvait craindre que ses hommes ne s'inspirassent pas suffisamment de l'esprit qui les avait dictées; mais leur conduite rassura bientôt les résidents d'Amoy. Les vainqueurs se bornèrent à brûler les demeures des mandarins tartares, organisant une police pour maintenir l'ordre et défendre les propriétés. Quant aux Européens, ils furent traités avec les plus grands égards, et le commandant des rebelles alla jusqu'à leur donner une garde, chargée de protéger leurs magasins [1].

Chang-haï eut le même sort, le 7 septembre de la même année. La ville fut envahie par des bandes du Fo-kien et du Kouang-toung, agissant pour leur compte, en dehors des chefs de Nan-king. Dans des circonstances semblables, il faut s'étonner que plus de désordres n'aient pas été commis. Un Anglais, M. Fortune, se promenait tranquillement dans les rues pendant qu'on pillait les maisons des fonctionnaires mandchoux, et personne ne lui dit rien. Lin, le général des rebelles, adressa même des ouvertures aux consuls pour les engager à prendre parti contre les mandarins, leur promettant de supprimer complétement les droits d'entrée et de sortie, et de lever ainsi les dernières barrières qui entravaient les relations commerciales. Il le fit comme il le disait. Les bâtiments de la douane

[1] *Annuaire de la Revue des Deux-Mondes*, 1852-1853, p. 879.

furent démolis. Malgré l'état d'anarchie qui régnait dans Chang-haï, ville de deux cent mille âmes, je l'ai dit, comprenant une population flottante considérable, entièrement composée de gens de sac et de corde, pas un Européen ne fut menacé, et ce furent les impériaux qui leur tirèrent les premiers coups de fusil. Le capitaine O'Callogan, du navire à vapeur anglais l'*Encounter*, dut même, pour la sûreté des résidents étrangers, enlever le camp des Mandchoux, le 5 avril 1854.

Je ne puis passer sous silence une nouvelle excursion diplomatique qui venait de conduire à Nan-king le ministre de France, M. de Bourboulon. Il jetait l'ancre devant la capitale de l'insurrection le 6 décembre précédent. « Aux approches de cette ville, un coup de canon fut tiré sur *le Cassini*, qui se prépara à riposter en cas de nouvelle attaque ; mais la corvette put gagner tranquillement son mouillage, et à peine eut-elle jeté l'ancre, qu'un officier fut envoyé à terre pour demander des explications sur l'insulte qui avait été faite au pavillon français. Ces explications furent satisfaisantes ; un officier chinois vint même à bord présenter au commandant les excuses du général sous les ordres duquel était placée la batterie qui avait tiré. Cette première difficulté ayant été levée, M. Marques, interprète de la légation, fut chargé d'annoncer au général qu'un envoyé du commissaire impérial français se trouvait à bord de la corvette, avec un message pour les ministres du prétendant. On convint d'une entrevue pour le lendemain. Dès le matin, le comte de Courcy, secrétaire de la légation, accompagné de M. Marques, interprète, d'un officier du *Cassini*, et de M. Clavelin, missionnaire jésuite, se dirigea vers la ville sous la protection d'une escorte commandée par un officier. Après un assez long trajet, il arriva à la résidence officielle des deux ministres, qui l'attendaient revêtus de leur costume de cérémonie. Le comte de Courcy leur fit savoir que le ministre de France lui-même était venu à Nan-king sur *le Cassini*, et qu'il serait disposé à entrer en rapport direct soit avec Taï-ping, soit avec une personne spécialement déléguée pour se concerter avec lui. Cette ouverture fut accueillie, et, le 10 décembre, M. de Bourboulon se rendit avec une suite nombreuse à la demeure du ministre Ting-tien-hou. Alors se présenta une question d'étiquette. Le ministre de France, jugeant que le siége qu'on lui avait désigné n'était pas convenable, refusa de s'asseoir. On sait combien ces questions d'étiquette sont à la fois importantes et délicates dans les relations des Européens avec les princes orientaux. Elles soulèvent parfois des difficultés qui compromettent l'essence même des négociations. Pour écarter cet embarras imprévu, le ministre chinois proposa à M. de Bourboulon de donner à l'entrevue un caractère moins officiel et

de s'en tenir à une conversation purement offi-
cieuse qui aurait lieu dans un appartement voisin
de la salle de réception. Cet expédient fut accepté,
et l'entrevue, dégagée de toute étiquette, dura
plus d'une heure. Le ministre de France s'attacha
à faire connaître aux chefs des rebelles les nations
qui depuis 1842 ont conclu des traités avec la
Chine; il rappela que ces nations avaient résolu de
conserver pendant tout le cours de la lutte leur
attitude de neutralité, et il insista sur l'intérêt
particulier que son gouvernement portait aux
chrétiens catholiques dans toutes les parties de
l'empire. A la suite de l'entrevue, qui fut de part
et d'autre assez cordiale, on engagea vivement
M. de Bourboulon, ainsi que les personnes de sa
suite, à passer la nuit dans la ville de Nan-king.
Le P. Clavelin profita seul de cette invitation, qui
lui permit de recueillir sur l'organisation des rebelles, sur leurs habitudes et sur leur religion,
des notions intéressantes [1]. Le 14 décembre, le

[1] M. Stanislas Julien a analysé dans un curieux travail, dont
le *Moniteur* a publié quelques extraits, plusieurs brochures chinoises trouvées à Nan-king. « On sait, dit-il, que l'une des circonstances qui ont le plus embarrassé les premières personnes qui
ont étudié la révolution chinoise, fut le mélange bizarre des
dogmes du christianisme avec la prétendue mission divine que
s'attribuait Taï-ping pour soulever les populations contre les
Tartares. Ce point est mis hors de doute par les brochures trouvées à Nan-king. Une liste insérée dans l'une de ces brochures,
comprend l'Ancien et le Nouveau Testament, en les appelant des
livres saints; une autre brochure contient textuellement les dix

Cassini leva l'ancre et ramena le ministre de France à Chang-haï [1]. »

commandements du Décalogue de Moïse, qui sont mentionnés comme ayant été donnés par Dieu sur le mont Sinaï, et qui sont accompagnés d'un glossaire de diverses formules de prières. Dans une troisième brochure, il est question de la création du ciel et de la terre, du déluge de quarante jours et de quarante nuits, de la sortie du peuple d'Israël (I-sé-li) du pays de Me-si (Missr, l'Égypte), de l'envoi du Sauveur du monde Yé-sou (Jésus), de son incarnation dans le royaume de Ye-outa la (Judée) et de ses souffrances pour le rachat des péchés des hommes. Les auteurs de ce résumé passent sans autre transition à l'époque actuelle. Ils annoncent qu'en l'année ting-tcheou (1837), Dieu envoya un messager qui alla au-devant de Taï-ping et le fit monter avec lui au ciel, d'où il fut renvoyé sur la terre pour exterminer les démons (les soldats tartares) et sauver les peuples. Ils ajoutent que le troisième mois de l'année méou-chin (1848), Dieu descendit lui-même parmi les hommes, faisant éclater des preuves infinies de sa puissance, et que, dans le neuvième mois, *Yé-sou* parut à son tour et extermina dans un grand combat une multitude immense de démons.

» On citera encore, comme détails de mœurs, les règlements concernant la police des camps, que l'on distingue en deux espèces, selon qu'ils sont fixes ou ambulants, c'est-à-dire appartenant à des troupes en marche. Voici des exemples de ces préceptes, où la morale religieuse et la discipline militaire sont singulièrement associées :

» 1° Il faut suivre avec respect les ordres du ciel ;

» 2° Il faut connaître parfaitement les commandements de Dieu, le louer et le célébrer, l'adorer matin et soir avec respect,

---

[1] Ce récit, publié par le *North-China-Herald*, journal de Chang-haï, a été reproduit par le *Moniteur* du 7 mars 1854, et par l'*Annuaire de la Revue des Deux-Mondes*, 1853-1854.

Des événements de quelque gravité ne devaient pas tarder à s'y produire. Les insurgés, toujours maîtres de la ville, toujours assiégés par les impériaux, avaient commencé une batterie qui n'aurait pu être attaquée par les Mandchoux sans que les balles et les boulets allassent droit aux maisons de commerce européennes. L'amiral

le remercier des règles de conduite qu'il a laissées, ainsi que des décrets et instructions publiés par ordre impérial;

» 3° Il faut pratiquer la vertu, ne pas fumer l'opium, ni boire de vin. Il faut être juste, droit, sociable; ne pas flatter les passions d'autrui, ne point avoir une basse condescendance pour ses inférieurs, ni se révolter contre ses supérieurs;

» 4° Il faut unir tous ensemble ses sentiments et ses forces, et obéir aux ordres des chefs militaires. Il n'est pas permis de cacher soit des armes, soit des vases ou des ornements d'or et d'argent.

» L'étiquette civile n'est pas oubliée par les révolutionnaires chinois, qui se montrent sur ce point aussi minutieux que leurs devanciers. Une ordonnance de Taï-ping règle la désignation à employer par les inférieurs en parlant des enfants du prétendant et de ceux des rois secondaires qui servent sous son commandement. Le prince impérial doit être appelé « le jeune maître qui vivra dix mille années ». Le titre de ta-jin (excellence) est réservé aux ministres et aux généraux.

» Enfin, la prévoyance des fondateurs du nouvel ordre de choses ne pouvait omettre les almanachs destinés au peuple, ni la rédaction des livres élémentaires dans lesquels la jeune génération doit puiser ses premiers enseignements. Le calendrier réformé porte la trace des emprunts faits au christianisme; les dimanches y sont désignés sous le nom de *li-paï* (jour d'adoration), et sont marqués de semaine en semaine jusqu'à la fin de l'année, qui elle-même est divisée en mois et en 24 parties appelées *tsie-ki.* »

Laguerre, arrivé vers la fin d'août 1854 sur la frégate *la Jeanne d'Arc*, exigea qu'elle fût détruite ; les insurgés n'ayant pas tenu compte de cet ordre, il envoya deux cents ouvriers chinois pour démolir les ouvrages. On leur tira quelques coups de fusil ; un Français fut tué. L'amiral somma vainement la garnison de se rendre, et s'empara de la ville, après une très-brillante affaire, à la grande satisfaction des mandarins, qui n'eurent qu'à passer par la brèche. Ki, le gouverneur impérial de la province, lui témoigna sa plus vive reconnaissance dans une lettre où il le priait « de penser en outre aux mesures nécessaires pour en finir avec les rebelles ». Les consuls anglais et américains ne prirent aucune part à la querelle, craignant d'engager leurs gouvernements dans de trop sérieuses complications.

Chang-haï fut pillé par les impériaux autant qu'il l'avait été par les rebelles. C'est une justice à rendre au soldat chinois, qu'il traite ses amis comme ses ennemis ; il les dévalise indistinctement. Les insurgés n'y reparurent plus, et Taï-ping ne s'occupa pas de leur mésaventure, car le petit *pronunciamento* de Chang-haï ne se rattachait qu'indirectement au grand mouvement de Nanking. En se portant au nord, le prétendant venait d'ailleurs d'essuyer son premier échec. L'armée qui s'ébranla pour cette audacieuse expédition, marcha d'abord de succès en succès, en dépit de tous les obstacles, et arriva jusqu'aux portes de Pé-king, à plus de cinq cents lieues du premier foyer de l'insurrection, une distance égale à celle qui sépare Amsterdam et Cadix. L'Empereur se crut perdu ; la dynastie mandchoue chancelait sur sa base ; elle n'avait plus qu'à regagner les déserts de la Tartarie, quand les charges de la cavalerie mongole, vigoureusement fournies au milieu des plaines du Pé-tchi-li, la sauvèrent au dernier moment. Un oncle de l'Empereur, Sang-ko-lin-sin, commandait ces hordes guerrières.

Après être restée trois mois à Tsin-haï, à trente lieues de Pé-king, l'armée insurrectionnelle rétrograda sur le Yang-tse-kiang, et depuis lors elle s'y est toujours maintenue. Le prétendant occupe encore la seconde capitale de l'empire. Tout récemment il a forcé les impériaux à lever le siége de Nan-king, mais il ne règne que sur des ruines. L'herbe pousse dans les rues, le commerce est dans une stagnation complète ; c'est la guerre avec toutes ses horreurs et toutes ses misères. En arrière du Yang-tse-kiang, même désordre et même confusion. L'insurrection s'éteint sur un point pour éclater sur l'autre ; dans le même arrondissement telle ville est aux Mandchoux, telle autre aux rebelles. Yeh a dégagé les deux Kouang, nous avons vu comment. Les côtes obéissent à l'Empereur, qui coupe toujours des têtes.

Il y a quelques mois à peine, une flottille anglaise remontait le fleuve, portant lord Elgin et le personnel de sa mission. On a prétendu que l'ambassadeur était descendu à terre, les équipages restant consignés, et qu'une convention avait été signée à Nan-king. Le traité de Tien-tsin autorisant le commerce anglais à naviguer sur le Yang-tse-kiang, il n'y avait rien d'étrange à ce que lord Elgin cherchât à s'entendre avec le souverain de fait qui en commandait le cours. Je ne sais d'ailleurs ce qu'il peut en être.

J'ai tenu à retracer en quelques mots l'historique de cette singulière insurrection, parce qu'elle peint la Chine d'aujourd'hui et qu'il est indispensable d'en tenir compte au point où nous sommes arrivés. Comme toutes les révolutions, elle a rencontré presque autant de détracteurs que d'apologistes, d'enthousiasmes que de dénigrements. Peut-être la vérité est-elle entre les deux. Peut-être aussi ne lui a-t-il manqué qu'une direction. Pour l'apprécier sainement, il faut voir autre chose que les excès qu'elle a commis, désordres inséparables d'un état de complète anarchie, conséquence naturelle des éléments impurs qu'elle recrutait chemin faisant; il faut voir quel a été son esprit. Or, il me paraît impossible de nier qu'elle ne soit la manifestation du patriotisme indigène contre la conquête tartare. Elle présente en outre un caractère particulier, entièrement nouveau, c'est qu'elle est religieuse

en même temps que politique, et ce caractère
religieux, elle l'a emprunté au christianisme. Le
travail de M. Stanislas Julien ne peut laisser sub-
sister aucun doute. L'idée européenne est entrée
dans la vieille Chine; elle s'y est dénaturée, per-
vertie, je le veux bien; mais enfin elle y est entrée,
et, sans elle, l'insurrection ne se serait pas faite ou
n'aurait pas acquis les mêmes proportions. Il a fallu
cette idée pour réveiller ce peuple pourri, et ce
n'est pas un spectacle sans intérêt que celui d'une
religion, quelle qu'elle soit, qui vient à s'improviser
en plein dix-neuvième siècle. Bien d'autres révolutions ont éclaté en Chine, mais aucune n'a éclaté
de la même manière, et sous ce rapport je diffère
entièrement de l'opinion de M. d'Hervey. Ainsi ne
sont pas tombées les dynasties des Hia et des
Chang; le drapeau des Ming, arboré par les
rebelles, n'est pas seulement un symbole des regrets
du passé, car « l'unité de Dieu, la divinité du
Christ, les préceptes du Décalogue, sont comme
inscrits sur ce drapeau, et on l'a vu traverser triom-
phalement la Chine au milieu des idoles renversées
depuis le Kouang-si jusqu'aux portes de la capitale [1]. » Que les calculs du prétendant aient fait
servir la morale chrétienne à sa politique de sub-
version et de conquête, qu'il en ait défiguré les

---

1 *Revue des Deux-Mondes*, 1ᵉʳ juin 1857. — La *Question chinoise*, par M. de Mars.

dogmes en les utilisant, qu'il en soit sorti quelque chose d'étrange et de bâtard, c'est incontestable ; j'affirme seulement que l'existence du principe chrétien ne peut être contestée, et que quelque chose avait changé dans ce pays où rien ne change.

CHAPITRE SIXIÈME.

On avait fait beaucoup à Tien-tsin, et en fort peu
de temps. Chacun était pressé, les alliés de s'en
aller, les mandarins de nous voir partir ; et, en
attendant, ils ne reculaient devant aucune concession. Tout ce qu'on demanda fut accordé, le droit
de résidence à Pé-king, la libre navigation sur le
Yang-tse-kiang, même l'envoi à Londres d'un ministre chinois (art. 6 du traité anglais). Vingt jours
avaient suffi pour discuter, rédiger et parapher
quatre traités, dont deux ou trois avaient cinquante
articles au moins. Le plus court était le traité russe,
et peut-être n'était-ce pas le plus mauvais. Nous
allons voir ce qu'il advint des autres.

Un point restait à régler, le nouveau tarif de
douanes, et il devait l'être à Chang-haï, de concert
avec les envoyés européens. Le dignitaire du ministère des finances auquel incombait le soin de
cette négociation et les deux signataires de la
paix, Kouei-liang et Houa-cha-na, commencèrent

par se faire attendre indéfiniment. Ils surent n'arriver au rendez-vous que lorsque la saison fut assez avancée pour empêcher toute opération sérieuse dans les parages difficiles du golfe de Pé-tchi-li. Puis, à peine arrivés, leur premier acte fut de demander une révision complète de tous les points essentiels du traité.

Lord Elgin quitta Chang-haï après avoir déjà cédé sur la question des ambassadeurs. Je n'hésite pas à le dire, c'était fâcheux. Après le tort d'avoir cru de trop bonne foi à l'efficacité du coup de main de Tien-tsin, il n'en était pas de plus grave que d'entrer dans la voie des transactions. Un pareil succès ne pouvait qu'enhardir le gouvernement chinois, fortifier le parti de la résistance, ouvrir la porte à de nouvelles réclamations. Il est probable que le ministre avait reçu des instructions de Londres. Au moins cette concession fut-elle approuvée par les cabinets de Saint-James et des Tuileries, car lord John Russel écrivait à M. Bruce, le 1er mars 1859 : « Les observations de lord Elgin et celles du baron Gros, adressées au gouvernement français, ont décidé le gouvernement de Sa Majesté à fixer à Chang-haï la résidence de la mission britannique et à demander seulement qu'elle fût reçue de temps en temps à Pé-king. Vous aurez soin de faire remarquer aux autorités chinoises de la capitale que le gouvernement de Sa Majesté ne renonce pas au droit de résidence permanente, et qu'au contraire il se réserve d'en faire immédiatement usage pour peu qu'on cherche à entraver les communications directes entre le ministre de Sa Majesté et le gouvernement central de Pé-king, ou à échapper par des défaites ou des moyens évasifs aux stipulations du traité de Tien-tsin. Le gouvernement de Sa Majesté Britannique n'ignore pas les artifices dans lesquels les Chinois sont passés maîtres, et il s'attend à ce qu'on fasse tout pour vous dissuader de vous rendre à la capitale, même pour l'échange des ratifications ; mais il vous charge de résister avec fermeté, quoique sur un ton modéré, à toute proposition faite dans ce but, et de n'admettre aucune excuse. Vous direz que les obstacles qu'on voudrait opposer à votre voyage et à la remise de vos lettres de créance entre les mains de l'Empereur en personne n'auraient d'autre résultat que de décider le gouvernement de Sa Majesté Britannique à réclamer l'entier accomplissement du traité et l'établissement d'une mission permanente à Pé-king. » Lord Elgin écrivit à peu près dans les mêmes termes aux commissaires impériaux, qui étaient toujours à Chang-haï. Il leur annonça que M. Bruce était désigné pour le remplacer, et il partit pour l'Europe, laissant à ce dernier la tâche difficile de continuer son œuvre.

Au lieu de retourner à Pé-king afin d'y préparer la réception des plénipotentiaires, Kouei-liang et Houa-cha-na demeurèrent à Sou-tcheou-fou, ville peu éloignée de Chang-haï. Ils essayèrent d'obtenir, par l'intermédiaire de la légation des États-Unis, d'abord que les ratifications fussent échangées à Chang-haï, ensuite que le voyage de MM. Bruce et de Bourboulon se fît par terre. C'était tout simplement inadmissible, car c'eût été pis que lord Amherst, pis que lord Macartney, qui tous deux étaient arrivés à Pé-king par Tien-tsin, comme le demandaient les plénipotentiaires. De Chang-haï à la capitale de l'empire il y a près de deux cents lieues, et le voyage n'eût pas duré moins de deux mois, sans parler des banderoles qui en eussent été l'accompagnement nécessaire.

Quand M. Bruce arriva à Hong-kong, se rendant à son poste, il fut très-étonné d'apprendre que les commissaires étaient restés dans le sud. Les nouvelles qu'il recevait d'ailleurs lui peignaient l'Empereur ou son entourage comme animé des intentions les plus hostiles. J'ai dit le silence gardé par la *Gazette de Pé-king* sur les négociations de Tien-tsin et la manière dont le journal officiel avait annoncé la retraite des barbares. On l'informait en outre que Sung-ko-lin-tsin avait relevé les défenses du Pé-ho; que le vainqueur des rebelles n'était pas sans quelque désir de s'essayer vis-à-vis des Européens, et que, ni lui, ni M. de Bourboulon n'atteindraient Pé-king sans recourir à la force. Dans cette situation, il fallait tenir le traité pour nul et non avenu, renoncer même à l'échange des ratifications, ou prendre ses précautions pour le cas où les résistances continueraient. M. Bruce s'entendit avec le ministre de la France, et il fut décidé qu'on réunirait toutes les forces disponibles. L'amiral Hope se trouva bientôt à la tête d'une petite division navale ; mais l'escadre de Cochinchine ne put fournir à M. de Bourboulon qu'une corvette, le *Duchayla*, commandant Tricault, et une mouche, le *Norsagaray*, armée seulement de deux pièces à pivot.

Ces dispositions arrêtées, les deux diplomates se rendirent à Chang-haï. Ils y trouvèrent Houa-chana et Kouei-liang, qui proposèrent encore de rouvrir la discussion. Sur le refus opposé par M. Bruce et son collègue, ils convinrent que les représentants de la France et de l'Angleterre étaient parfaitement en droit de persister. Ils ajoutèrent qu'ils avaient écrit à l'Empereur pour qu'un haut fonctionnaire fût envoyé à Tien-tsin, afin d'y attendre les deux ambassades et de les conduire à Pé-king. Quoiqu'ils les invitassent à faire le voyage par terre, ils n'ajoutaient pas que des mesures étaient prises pour défendre l'entrée de la rivière et barrer le passage. Seulement M. Bruce apprenait de bonne source qu'un haut fonctionnaire, faisant partie de la mission chinoise, avait dit à Chang-haï : « Je n'irai pas dans le nord. Il y aura du grabuge. L'Empereur a encore besoin d'une leçon avant de devenir raisonnable. »

On a affirmé que le commandant des forts du Pé-
ho avait reçu l'ordre d'accueillir « les barbares
avec civilité et de laisser débarquer les ambassadeurs, s'ils consentaient à se rendre à Pé-king avec
un petit nombre de serviteurs et en se conformant
aux règles ordinaires. » Je remarque incidemment
que rien de semblable ne ressort de la correspondance de M. Bruce ni de celle de Kouei-liang et
de Houa-cha-na. Il n'en est question que dans un
rapport de l'interprète de la légation britannique,
daté de Hong-kong, 22 mai, et l'interprète tenait
ce renseignement d'un Cantonnais. Nous verrons
qu'il n'était pas exact, ou que les ordres ne
furent pas exécutés.

MM. Bruce et de Bourboulon attendirent encore
plusieurs jours avant de quitter Chang-haï. Ils voulaient laisser à la lettre des commissaires le temps
d'arriver, et à la cour de Pé-king celui de tout préparer à Tien-tsin. L'amiral Hope les précéda. Il
devait annoncer aux autorités le départ des plénipotentiaires se dirigeant sur Tien-tsin, et s'informer si des dispositions avaient été prises pour les
recevoir.

Parvenu devant le Pé-ho, il trouva la rivière bar-
rée. Un canot fut envoyé à terre avec une lettre
de lui pour le gouverneur de la province. Cette
lettre portait en substance que l'escadre resterait à
l'ancre pendant que les ambassadeurs prendraient
la route de Pé-king, en remontant le fleuve avec

un seul navire. L'amiral demandait en outre que
le passage fût rendu libre, que les habitants fussent autorisés à approvisionner la flotte, et qu'il
fût permis à quelques officiers et soldats de se loger
dans le village de Ta-kou, laissant au gouverneur
le soin d'en fixer le nombre. Une bande de soldats
vint au-devant de la chaloupe, et quand un des
officiers voulut débarquer, l'un d'eux le menaça
de son sabre. Ils affirmèrent qu'il n'y avait dans
les forts aucune autorité; qu'ils ne faisaient pas
partie de l'armée, mais de la milice locale; que
c'étaient les habitants de Ta-kou qui avaient barré
la rivière et relevé les forts, uniquement par mesure de précaution contre les rebelles. Combinaison assez ingénieuse, en ce sens que, dans l'hypothèse d'un échec, elle pouvait mettre à couvert la
responsabilité du gouvernement chinois; défec-
tueuse, en ce sens que, le gouvernement n'y étant
pour rien, on ne faisait pas acte d'hostilité en forçant le passage.

A coup sûr on ne pouvait se tromper sur la sincérité de ces déclarations. Les rebelles ne dépas-
saient pas les limites de la province de Nan-king,
et Nan-king est à plus de cent cinquante lieues de
l'embouchure du Pé-ho. Devant cet impudent men-
songe, qui évidemment cachait un piége, fallait-il
reculer? C'est bien alors que la cour de Pé-king eût
chanté victoire, et que le *Moniteur de l'empire*,
avec sa véracité ordinaire, mais aussi avec son im-

mense publicité, eût annoncé que les barbares avaient tourné le dos devant son invincible armée. Fallait-il profiter des offres faites plusieurs jours après, au moment où l'action s'engageait, par un mandarin subalterne qui engageait les alliés à remonter un autre bras du fleuve « s'ils le pouvaient » et à attendre Kouei-liang et Houa-cha-na? Rien n'indiquait que ce bras fût navigable, et, le fût-il, c'était encore reculer. D'ailleurs, qu'eussent fait Kouei-liang et Houa-cha-na? On négociait avec eux depuis près d'un an, directement ou indirectement, verbalement ou par correspondance, et de ces négociations qu'était-il sorti? La conviction qu'on mettrait tout en œuvre pour arrêter les ambassadeurs, et qu'ils ne passeraient que de force. Devant le Pé-ho, c'était plus qu'une conviction, c'était une certitude.

Le 24 juin 1859, les plénipotentiaires ralliaient l'escadre et apprenaient de l'amiral Hope quel était l'état des choses. On se réunit pour délibérer. Après avoir mûrement discuté la question, pesé le pour et le contre, il fut décidé que l'on passerait outre, et M. Bruce adressa le même jour, de *la Magicienne*, la lettre suivante à l'amiral : « Monsieur, M. de Bourboulon et moi, ayant bien réfléchi à l'état des affaires, nous en sommes arrivés à cette conclusion, qu'il ne serait pas conforme à la marche que nous avons adoptée jusqu'ici de différer plus longtemps nos efforts pour atteindre Pé-king dans le délai fixé par le traité pour l'échange des ratifications. Le gouvernement chinois est d'ailleurs en possession de toute la correspondance échangée à Chang-haï avec les commissaires, et, s'il l'avait voulu, il aurait envoyé des ordres pour nous faciliter le passage. Comme vous le savez, l'attitude de ses officiers à Ta-kou témoigne de la détermination parfaitement arrêtée de nous empêcher d'arriver à Tien-tsin. Les officiers supérieurs qui commandent les forts se tiennent à l'écart, afin de s'éviter des explications catégoriques, et leurs subalternes, dans le même but, n'ont pas reculé devant les plus grossiers mensonges.

» Il y a beaucoup de raison de croire que le prince mongol qui commande les ouvrages est le principal appui du parti de la guerre, et que sa défaite fera prévaloir des conseils plus pacifiques.... En conséquence nous avons pris la résolution de vous charger du reste et de vous requérir de prendre telles mesures qui vous paraîtront convenables pour dégager la rivière et nous permettre d'atteindre Tien-tsin. J'ajoute que vous agirez au nom de M. de Bourboulon autant qu'au mien.

» J'ai l'honneur, etc.

» *Signé :* F.-W.-A. BRUCE. »

La question était tranchée. Elle devenait purement militaire.

Quand on lit la correspondance du ministre d'Angleterre, il résulte des divers documents dont elle se compose que, dans l'opinion de M. Bruce, la reconnaissance par l'Empereur de la Chine de souverainetés étrangères égales à la sienne; la réception d'ambassadeurs occidentaux sans cérémonial humiliant, sans aucun signe de vasselage; le droit de résidence de ces mêmes ambassadeurs; la libre circulation des Européens dans l'intérieur de l'empire, constituaient autant de conditions que n'avait pu admettre la cour de Pé-king, et dont elle n'avait jamais dû vouloir sincèrement l'exécution. La conduite pleine de détours des autorités chinoises depuis son arrivée à Chang-haï, et même depuis son arrivée à Hong-kong, avait convaincu l'ambassadeur anglais de leur mauvaise foi et de leurs dispositions hostiles. C'est sur cette conviction motivée et d'ailleurs parfaitement fondée, ainsi que sur la nécessité d'accomplir sa mission dans le délai fixé, qu'il base sa propre justification des mesures adoptées par lui, de concert avec M. de Bourboulon, pour forcer l'entrée du Pé-ho. Rien de plus juste. Je crois l'avoir démontré; mais on pouvait dire la même chose en deux mots : le traité n'était pas sérieux, et il l'était moins que jamais depuis que lord Elgin avait cédé sur un point capital. Il ne servait que les Chinois, qui cherchaient à se prévaloir de l'état de paix pour opposer à nos réclamations toutes les défaites imaginables ; il ne gênait que les alliés, qui ne pouvaient se prévaloir de l'état de guerre pour réclamer les armes à la main. En fait, la question n'était pas plus avancée en juin 1859 qu'en avril 1858, à notre seconde apparition devant le Pé-ho qu'à notre première démonstration contre les forts de Ta-kou. Il n'y avait qu'une trahison de plus.

On conçoit maintenant pourquoi M. Bruce emmenait deux frégates, trois corvettes, deux avisos, neuf canonnières et 1500 hommes de débarquement ; il les emmenait parce qu'il les fallait ; nous ne les emmenions pas, parce que nous ne les avions pas. Si les faits ne parlaient pas d'eux-mêmes, si le point de droit ne paraissait dès lors suffisamment éclairci, je ne voudrais pour l'établir que les propres armes qui me sont fournies par M. d'Hervey. Quand on pose en principe que le gouvernement chinois se soucie fort peu de ses engagements, et qu'on ajoute comme une chose toute simple : « ce sont là les mœurs de l'Asie, » de quel droit, puisqu'on parle de droit, refuser à l'Europe de se mettre en garde contre l'Asie ? Quand on nous dit ailleurs : « Il n'y a pas deux balances, l'une à notre usage, l'autre à l'usage de qui nous gêne, » pourquoi se montrer si indulgent pour la duplicité des uns, si sévère pour la juste méfiance des autres ?

Qu'on me permette de citer ici l'opinion

d'un homme qui connaît bien la Chine et qui compte parmi nos publicistes les plus distingués : « MM. Bruce et de Bourboulon, qui ont tous les deux aujourd'hui une assez longue expérience de la politique et du caractère des Chinois, savent très-bien que, s'ils se fussent remis à Chang-haï ou au Pé-ho entre les mains des mandarins, ils eussent été menés jusqu'à la capitale de l'empire, dans un équipage indigne d'eux et des puissances qu'ils avaient l'honneur de représenter. Il n'y avait pas à douter que, s'ils se fussent livrés à la décevante hospitalité des mandarins, on les eût promenés dans le pays comme des curiosités dangereuses, et que le cortége réuni autour d'eux, sous prétexte de leur faire honneur, n'eût servi à proclamer partout sur leur passage que les barbares, étant revenus à la raison, demandaient pardon à l'Empereur de tous leurs méfaits et lui apportaient des tributs en témoignage de leur soumission. Ils ont refusé de se soumettre à de pareilles épreuves ; ils ont voulu exiger la liberté de leurs personnes et de leurs mouvements, et ils ont eu raison de le vouloir. Si même nous osions dire toute notre pensée, nous ajouterions qu'après s'être trouvés engagés dans l'entreprise, l'amiral Hope et le commandant Tricault ont eu aussi raison de ne pas refuser le combat, même dans les conditions où il leur était offert. Ils n'ont pas réussi sans doute, mais le plus grave des échecs qu'ils auraient pu subir, c'eût été de rebrousser chemin sans coup férir. Il est bon que les Chinois soient bien convaincus que quand les barbares s'engagent à combattre, ils combattent toujours, quelle que soit la disproportion des forces et l'inégalité des chances. Le succès militaire que les Chinois viennent d'obtenir et qu'ils ont payé d'un prix que nous ne connaissons pas, ne les exaltera jamais autant que l'eût fait une retraite pure et simple qu'ils eussent nécessairement attribuée à une intimidation exercée sur nous. C'est par la force du caractère, plus encore que par celle du canon rayé, que nous arriverons à nous faire respecter.

« Les rapports internationaux ne peuvent se régler sur des sentiments, si généreux qu'ils soient ; dans l'intérêt commun des nations, ils ne sauraient avoir pour base que le droit positif résultant de traités synallagmatiques et des principes reconnus et respectés par toutes les parties. Or, ces conditions ont-elles jamais été remplies dans les rapports que nous avons eus jusqu'ici avec les Chinois ? Nullement. Les traités qu'ils ont signés avec nous, ils les ont toujours violés sans scrupules et, pour ce qui est des principes que nous pourrions accepter avec eux, ils n'en ont aucun. A leurs yeux, nous ne sommes toujours que des barbares, qu'ils traitent sans vergogne comme des créatures inférieures, auxquelles ils

peuvent en certains cas faire certaines concessions, sauf à les reprendre par la ruse, aussitôt
qu'ils ne sentent plus la pression de nos baïon-
nettes. Dans la réalité, ils sont comme tous les
autres Asiatiques, qui ne reconnaissent d'autre
droit que celui de la force au moment où elle
pèse sur eux [1]. »

J'arrive au drame du Pé-ho.

Une reconnaissance eut lieu le surlendemain,
23 juin. Elle constata que trois rangs successifs
d'estacades fermaient le goulet du fleuve : le premier formé de chevaux de frise en fer, le second
de pilotis énormes, le troisième également de pilotis, sur une profondeur de quarante mètres. Ces
trois barrages n'offraient au milieu d'eux que d'é-
troits passages qui ne correspondaient pas en ligne
droite. Les forts qui les dominaient, reconstruits
dans des conditions très-différentes de ceux qu'a-
vaient détruits, l'année précédente, les amiraux
Seymour et Rigault de Genouilly, présentaient des
apparences redoutables, essentiellement européennes. Ils restaient silencieux, et, chose singulière, n'avaient qu'un petit nombre d'embrasures.

Sans pouvoir apprécier le chiffre de leurs défenseurs, ils étaient évidemment très-nombreux,
peut-être 30,000 hommes. Leur chef, on le connaissait. C'était San-ko-lin-tsin, le même dont j'ai

---

[1] M. X. Raymond. *Débats* du 1er octobre 1859.

déjà parlé, un oncle de l'Empereur, un prince moitié religieux, moitié guerrier, qui avait été lama en Tartarie avant de se faire général dans les plaines du Pé-tchi-li.

Une première tentative pour forcer le barrage ne fut pas couronnée de succès. Le 25, à deux heures et demie, onze canonnières et l'aviso français portant le commandant du *Duchayla*, le brave commandant Tricault, 3 officiers et 58 marins, s'embossèrent sur une seule ligne. Pendant ce temps, deux canonnières s'engageaient entre le premier et le deuxième rang de pilotis. Ce fut le signal de l'action : un feu terrible partit des forts, les embrasures se démasquèrent, des projectiles énormes vinrent pleuvoir sur la chaloupe la plus avancée ; un seul renversa, tués ou blessés, 17 hommes ; quelques instants après, le commandant avait la tête emportée par un boulet.

Jusqu'au soir la lutte ne cessa pas, sanglante, acharnée, malgré la position terrible où se trouvaient les canonnières. Des prodiges de valeur, une résistance désespérée, ne purent rien contre la grosse artillerie de l'ennemi, abritée derrière d'excellents revêtements de terre. A cinq heures, trois chaloupes coulées et désemparées restaient entre les mains des Mongols ; les équipages étaient décimés ; l'amiral Hope, la rage dans le cœur, blessé d'un éclat d'obus et relevé tout sanglant par le commandant Tricault, veut tenter un dernier effort, une chance suprême. Il commande le débarquement.

Alors on voit ces mêmes hommes qui depuis trois heures sont au feu, se précipiter dans une mer de vase qui leur monte jusqu'à la poitrine. Il y en avait six cents mètres à traverser. Le commandant Tricault, les trois officiers du *Duchayla*, sont en tête; mais ils arrivent presque seuls : tous ces braves avaient trop présumé d'eux-mêmes; leur ardeur ne peut rien contre ce sol mobile, où ils enfoncent à chaque pas, où ils se débattent vainement, et dont les plus incroyables efforts ne peuvent les dégager. Ceux qui atteignent le pied des ouvrages n'ont plus de force pour les escalader; leurs armes sont hors d'état; ils sont assaillis par une pluie de mitraille, de balles, de flèches; il faut reculer; la lutte n'est plus possible; chacun regagne, comme il peut, les embarcations, toujours sous une grêle de projectiles, toujours dans la vase, et devant cet affreux désastre, l'amiral Hope, abîmé de douleur, tente en vain de se suicider.

Sur 1,500 hommes engagés, les Anglais en avaient perdu 464, dont 8 officiers tués et 28 blessés. Nous avions 6 tués et 10 blessés, parmi lesquels le commandant Tricault, qui se couvrit de gloire, et l'élève Bary, atteint à ses côtés. Il ne restait plus qu'à s'occuper des morts et des malheureux qui attendaient les secours de l'art. « Triste spectacle, écrivait M. de Chassiron, rendu plus lugubre encore par la vue des cadavres enfouis précipitamment dans la mer, et qui, tout autour de nos navires, venaient flotter sans cesse à la surface de l'eau. »

CONCLUSION.

Je rends pleine justice à lord Elgin et à M. le baron Gros. Quand deux hommes aussi éminents vont soutenir aux extrémités du monde la cause de l'Europe et de la civilisation, ce n'est certes pas moi qui me ferai leur détracteur, eussé-je qualité pour cela. Tout le monde peut être trompé, surtout par la diplomatie chinoise. J'ai énergiquement défendu MM. Bruce et de Bourboulon; ils ont agi comme ils le devaient, quoi qu'on dise. Mais il n'en est pas moins vrai que nous avons échoué à Tientsin, pour échouer encore au Pé-ho. Avouons-le, rien ne sert à cacher la vérité. Je ne demande qu'une chose, c'est que nous n'en prenions pas notre parti.

Au reste, le *Moniteur* a parlé. Il a annoncé « que le gouvernement français et celui de Sa Majesté Britannique se concertaient pour infliger le châtiment et pour obtenir les réparations qu'exigeait un acte aussi éclatant de déloyauté. »

Il faut que la Chine apprenne une fois pour toutes qu'on ne se joue pas de l'Europe et qu'on ne reçoit

pas ses ambassadeurs à coups de canon. Il faut que
nous apprenions de notre côté que vis-à-vis de ce
peuple les concessions ne servent à rien ; que pour
lui la modération n'est que de la faiblesse ; que
nous n'en viendrons à bout qu'à force d'énergie,
de persévérance et d'esprit de suite. On refuse de
recevoir nos ambassadeurs ! nous les conduirons à
Pé-king.

C'est donc la guerre ? Oui sans doute, c'est la
guerre, et on la ferait à moins, n'y eût-il que le
sang de nos marins à venger. Mais ce n'est pas la
guerre telle que nous la dépeint M. d'Hervey. Il
oublie que les finances de l'État sont épuisées, et
que pour subvenir aux besoins du trésor on est
obligé de recourir aux honteux moyens dont j'ai
parlé ; que l'armée indigène, recrutée dans la lie
du peuple, décimée par les rebelles, n'a pu tenir
nulle part devant le prétendant ; que si elle compte
800,000 hommes, ces 800,000 hommes sont ré-
partis sur 13 millions de kilomètres carrés ; qu'il y
en a à Lassa, sur les frontières de l'Inde anglaise ;
à Khotan, à Kashgar, sur les frontières du Turkes-
tan ; à Kiachta, sur les frontières de la Sibérie, sur des
milliers de points séparés par d'immenses distances,
et qu'en dehors de la Chine propre, qui n'est que
la moindre partie de l'empire, les communications
sont extrêmement difficiles. Nous trouverons devant nous les derniers défenseurs de la dynastie
mandchoue, les Mongols, les contingents du Kirin

et de l'Amour, les mêmes que nous avons rencontrés à Ta-kou, les seuls qui puissent opposer quelque résistance, et je ne ferai pas à notre armée l'injure de les croire invincibles. Quant aux populations soulevées, qu'on compare aux guérillas de la guerre de l'indépendance, ce qui est plus flatteur pour la Chine que pour la vieille Espagne, elles nous causeront peu d'embarras, et ceci par une raison toute simple, c'est que le gouvernement ne les armera pas. Il se rappelle 1842; il sait ce qu'il lui en a coûté : la moitié de l'empire et sa seconde capitale. Je ne pense pas davantage que l'Empereur se retire dans le sud. Le sud est sillonné par les rebelles, qui pourraient lui faire un très-mauvais parti. Il restera à Pé-king, selon toute vraisemblance. Dans un État aussi fortement centralisé que la Chine, quitter la capitale c'est abdiquer, et l'on ne peut pas dire des Fils du Ciel ce qu'on a fait dire à Sertorius : Rome n'est plus à Rome, elle est toute où je suis. L'empire est à Pé-king. Voilà pourquoi le prétendant n'est encore que le prétendant, et pourquoi l'Empereur est toujours l'Empereur. Hien-foung traitera, tout autorise à le pressentir, seulement il traitera autrement qu'il n'a traité jusqu'à présent. S'il est vrai qu'il ait ignoré les stipulations de Tien-tsin, on les lui apprendra; s'il les a connues, on les lui rappellera, et quand il aura vu la fumée de nos bivouacs, peut-être sera-t-il moins tenté de les oublier. J'ajoute que le cli-

mat n'a rien qui puisse nous effrayer. Le Pé-tchi-li
est sous la latitude de Madrid. On y rencontre moins
de coupures et de rizières que dans les autres provinces. Ce sont de grandes plaines présentant peu
d'obstacles à la marche d'une armée, d'autant plus
que le Pé-ho est navigable jusqu'à Tien-tsin, au
moins pour les embarcations d'un faible tirant
d'eau, et que, de Tien-tsin, le grand canal conduit
tout droit jusqu'à Pé-king. Voilà le vrai, dans ma
conviction, et cette conviction je ne doute pas
qu'on ne la partage, car elle se fonde d'une part
sur des faits positifs, de l'autre sur des probabilités
qui sont presque des certitudes. Il y a loin de là
aux immenses difficultés dont on nous parle, aussi
loin peut-être que de la Chine patriarcale, si van-
tée par quelques orientalistes, à la Chine boulever-
sée dont j'ai dépeint les convulsions sanglantes.

Sans doute nous avons en Chine peu d'intérêts
commerciaux. Je le sais comme tout le monde, et
je le déplore. Je sais que notre commerce dans les
cinq ports n'était représenté en 1855 que par 17
navires jaugeant ensemble 6,000 tonneaux, tandis
que le commerce américain y figurait pour plus
de cent millions de francs, le commerce de la
Grande-Bretagne pour près de six cents millions.
Je sais que nous venons après le Chili, quand nous
nous appelons la France, et que nous avons 2,400
kilomètres de côtes. Avouons-le encore, puisqu'on
nous y force, mais cette fois encore n'en prenons

pas notre parti ; surtout ne nous tenons pas à l'écart
au milieu de ce grand mouvement des peuples,
mouvement irrésistible, que toutes les controverses
n'arrêteront ni ne ralentiront, pas plus qu'elles
n'empêcheront la vapeur d'être la vapeur et le
dix-neuvième siècle d'être le dix-neuvième siècle ;
parce qu'une question s'agite ailleurs qu'à Berlin,
à Rome ou à Milan, ne croyons pas qu'elle doive
nous rester étrangère, maintenant que l'Europe
n'est plus seulement en Europe, et que les découvertes modernes ont résolu le problème de l'ubi-
quité des races occidentales ; parce qu'il y a une
grande muraille en Chine, n'en élevons pas une
autour de nos frontières ; ne limitons pas l'action
de la France à un rayon de quelques lieues, quand
tout s'efface, les barrières comme les distances, quand
l'Asie c'est l'avenir, quand l'Autriche, la Prusse, la
Suède, le Danemark lui-même préparent des expé-
ditions, et que ce petit État, qui n'est guère plus
peuplé que le département de la Seine, va dépenser
2 millions pour soutenir dans les mers de Chine
l'honneur de son pavillon ; enfin, je le demande
avec instance, ne mesurons pas nos susceptibilités
à notre tonnage, l'influence que nous devons
exercer dans le monde aux dix-sept navires que
nous expédions là-bas. On l'a dit, et on a dit vrai,
il n'y a que la France qui tire le canon pour une
idée. C'est son plus beau privilége, c'est ce qui
fait que l'on compte avec elle, quels que soient le

mouvement de ses échanges, la valeur de ses im-
portations ou le chiffre de ses exportations, et
qu'on la voit partout où la civilisation est en cause,
à Constantinople, à Jassy, à Bucharest, à Suez, et à
Saint-Jean de Nicaragua.

Est-ce là d'ailleurs notre seul rôle dans les affaires
de Chine? je ne le crois pas. Nous aussi nous avons
un but à poursuivre, des intérêts à surveiller, et
ici la question prend de telles proportions, que je
veux laisser à une plume plus autorisée que la
mienne le soin de l'exposer dans son vrai jour.

« C'est vers le milieu du dix-septième siècle que
les Russes et les Chinois se rencontrent pour la
première fois. Les Cosaques venaient de parcourir
l'espace compris entre les monts Ourals et le lac
Baïkal, de reconnaître les belles vallées de la Sibérie méridionale; à partir du lac Baïkal, en continuant leur marche vers l'est, ils découvrirent un
grand fleuve, le Saghalien ou l'Amour, qui, traversant de l'ouest à l'est la Mandchourie, va se jeter
dans la mer du Japon. C'est sur les bords de ce
fleuve que les Russes se trouvèrent face à face avec
les Mandchoux, à peu près à l'époque où ceux-ci
s'emparaient de la Chine. Après plusieurs années
de combats, pendant lesquelles les deux peuples se
disputèrent la possession de ce grand débouché
ouvert à l'Asie sur l'océan Pacifique, les Tartares
ayant achevé la conquête de la Chine, revinrent en
force, et un premier traité fut conclu à Nertschinsk,

en 1689, entre les Moscovites et le khan de la Mandchourie, devenu empereur de la Chine. Par ce traité, les Chinois conservaient la possession du cours de l'Amour et fermaient aux Russes l'accès de l'Océan; mais ils leur cédaient la rive gauche d'un affluent et leur laissaient ainsi un pied dans cette importante vallée. Le traité de Nertschinsk établissait ensuite des rapports commerciaux, sur le pied de la réciprocité, entre les deux nations, et des marchands russes visitèrent Pé-king depuis cette époque jusqu'en 1722, où leur conduite ayant donné de l'ombrage aux Chinois, ils furent expulsés.

» En 1728, un nouveau traité fut conclu à Kiachta, sur la frontière de la Sibérie, à peu de distance du lac Baïkal, entre des plénipotentiaires russes et chinois. La délimitation des deux empires dans la vallée de l'Amour fut alors confirmée et les relations commerciales rétablies entre les deux pays, mais à la condition que les échanges se feraient exclusivement à la frontière et au lieu même où se signait le traité. Cette règle toutefois ne s'appliquait qu'aux transactions ordinaires du commerce, les Chinois ayant concédé au gouvernement russe le droit d'envoyer à Pé-king des caravanes pour son propre compte. Ce droit, par lequel les mandarins s'étaient plu à rabaisser le czar au rang d'un simple négociant, fut abandonné en 1762 par l'impératrice Catherine. Kiachta devint alors pour

les Russes ce qu'était Canton pour le reste des populations européennes. Ils y joignirent seulement
un privilége, réservé à eux seuls et dont ils sont
aujourd'hui encore en possession, celui d'entretenir
à Pé-king un collége russe, et d'être ainsi à portée
d'obtenir certains renseignements, de faire parve-
nir certains avis lorsque les intérêts de leur commerce ou de leur politique le réclament.

» Depuis l'époque dont nous parlons, les rapports entre les Russes et les Chinois sont restés dans
le même état ; mais pendant que le commerce russe
suivait ainsi la route de Kiachta, le gouvernement
des czars n'était pas inactif du côté de l'Amour. La
fondation de ses établissements au Kamtchatka,
aux îles Aléoutiennes, dans l'Amérique du Nord,
l'étendue chaque jour croissante du commerce des
fourrures, tant d'autres relations qu'il lui importait
de nouer dans ces parages, lui faisaient regretter
vivement de n'avoir pas sur l'océan Pacifique un
port qui fût en communication facile avec la Sibérie méridionale. De la Russie proprement dite
jusqu'à Irkoutsk, cette capitale des provinces sibé-
riennes que les prisonniers de Pultava ont élevée
dans une position admirable sur les bords du
Baïkal, il existe une grande voie fluviale, presque
non interrompue, qui répand l'activité et la vie
sur son parcours. De là, vers l'est, on est obligé de
suivre la Léna jusqu'à Yakoutsk, et à partir de ce
point toutes les communications avec le Pacifique,

avec Aïan, Okhotsk, Petropaulovsky, se font len-
tement et péniblement à dos de chevaux.

» Si au contraire on était maître de l'Amour,
dont les affluents remontent jusqu'aux bords du
lac Baïkal et dont la navigation est bien moins
longtemps fermée par les glaces que celle de la
Léna, on descendrait du fleuve jusqu'à son embouchure, qui forme un port magnifique. Maître de
tout son cours et de ses affluents, on ne serait plus
séparé de la Chine par l'immense désert de Cobi;
on serait à deux cents lieues de Pé-king par terre,
deux cents lieues seulement de pays boisés ou de
vallées cultivées. Si enfin un jour la Russie croyait
de l'intérêt de sa puissance de prendre aux affaires
de Chine une part active, les soldats russes auraient
bien vite franchi ces deux cents lieues, et ne tar-
deraient guère à arriver sous les murs de Pé-king.
Ils auraient pour avant-garde ces cavaliers nomades,
frères de ceux qui deux fois déjà, en 1654 et en
1854, ont vaincu les grandes armées chinoises, ces
cavaliers dont un officier général qui a visité ces
contrées il y a peu d'années disait : « On voit, à
» leur allure dégagée et guerrière, que ce sont bien
» les descendants de Gengis-khan, et que, bien
» conduits, ils feraient une excellente cavalerie lé-
» gère. Ils sont dévoués à la Russie parce qu'elle
» les traite bien et qu'ils savent que les Chinois
» abreuvent leurs compatriotes de dégoûts et
» d'outrages. Si on le voulait, un grand nombre

» de Mongols émigreraient en Russie, et si jamais
» il y a guerre entre les deux empires, ce seraient
» d'excellents auxiliaires. » En même temps que
les soldats russes paraîtraient devant Pé-king, on
verrait sortir des bouches de l'Amour ces marins
dont la dernière guerre nous a appris à connaître
la valeur; on les verrait sur ces mers lointaines,
pourvus de ces approvisionnements inépuisables
que la prévoyance ambitieuse des czars a seule le
secret d'accumuler, et une fois à Pé-king, est-il si
difficile de pressentir ce que ferait l'habileté des
Russes à s'assimiler les populations conquises et
leur particulière habitude à manier les Orientaux?
Quelle moisson à recueillir! Et quelles seraient désormais les limites de la puissance russe si elle venait à s'étendre sur la Chine, sur ses ports, ses matelots, et toutes les sources de richesse qu'elle ren-
ferme dans son sein?

» On va nous dire sans doute que ce n'est là
qu'un danger imaginaire, et que nous nous amusons
à bâtir avec des hypothèses sans fondement un
avenir tout fantastique. Reprenons donc notre route
sur le terrain solide et sûr de la réalité. S'il faut
en croire les récits les plus authentiques, le cours
entier de l'Amour est à l'heure qu'il est entre les
mains des Russes. C'est dans ses eaux que pendant
la dernière guerre se sont retirées cette frégate
l'*Aurore* et cette flottille russe qui ont échappé par
des prodiges de courage et d'habileté aux escadres

réunies de la France et de l'Angleterre, et lorsque
ces escadres, acharnées à la poursuite d'une proie
qui leur échappait sans cesse, se sont approchées
des bouches du fleuve, elles les ont trouvées garnies
de batteries de côtes, couvertes de troupes; elles
ont entendu prononcer des noms de forts et d'établissements militaires jusqu'alors parfaitement in-
connus, déjà reliés entre eux par des lignes de
navires à vapeur. L'Amour est donc aujourd'hui
un fleuve russe. Nos missionnaires ont confirmé ce
que nos marins avaient appris. C'est, disent-ils,
vers 1850 que l'envahissement s'est accompli. Les
Russes résidaient à cette époque à un endroit nommé Oua-ki, proche de l'embouchure du fleuve. Ils
dirigèrent aussi une expédition sur la grande île de
Ségalien, qui s'étend en face de l'entrée de l'Amour
et n'est séparée, au sud, des îles japonaises que par
le détroit de la Peyrouse; mais l'occupation de cette
île n'a été que temporaire : les Russes l'ont évacuée
pendant la dernière guerre; nos marins y ont trouvé
leurs huttes encore debout, et les Japonais, qu'ils
avaient chassés, ont rétabli leur domination dans
la partie méridionale de l'île. Qu'on ne se hâte pas
toutefois de prendre cette retraite pour un pas en
arrière; en portant les yeux sur la carte, cinquante
lieues au sud des bouches de l'Amour, on trouvera
sur la côte de Chine un port qui servit, il y a deux
ans, de refuge à la *Pallas*, et où le gouvernement
russe fonde, dit-on, maintenant un grand établis-

sement naval qui n'a pas été possible dans le fleuve même par l'insuffisante profondeur de ses eaux. On ajoute que la cour de Pé-king a réclamé contre l'envahissement de son territoire et fait marcher les milices mandchoues à la frontière ; « mais les » braves des huit bannières, écrit monseigneur Vé- » rolles, vicaire apostolique de la Mandchourie, se » sont tenus prudemment à l'écart. » Ce ne sont pas eux assurément qui chasseront et arrêteront les Russes.

» Nous avons mis les faits dans tout leur jour, nous leur avons assigné toute leur portée ; mais nous ne voudrions pas les exagérer non plus, et faire d'un danger possible un danger immédiat et menaçant. Nous sommes les premiers à croire que la Russie ne nourrit pas aujourd'hui le gigantesque projet du renversement de l'empire chinois ; mais que les cartes viennent à se brouiller en Occident, que des guerres de peuple à peuple ou bien des commotions intérieures n'y permettent plus aux gouvernements de porter au loin leurs regards, qui sait ce que pourra tenter alors à cette extrême frontière l'ambition russe, jalouse de prendre sa revanche sur l'Angleterre ? L'Angleterre y veillera sans doute, ou plutôt nous ne doutons pas qu'elle n'y veille dès maintenant ; nous ne doutons pas que dès maintenant, appréciant bien la situation de la Chine, elle ne se préoccupe des moyens d'opposer à la Russie dans l'avenir une barrière plus efficace que la grande muraille jadis opposée aux invasions des Tartares. Cependant, s'il faut que nous disions toute notre pensée, il y a un grand intérêt à ce que l'Angleterre ne soit pas seule à élever cette barrière. Seule en effet dans ces parages, obligée de lutter contre les préjugés et les vieux usages des Chinois d'une part, et de l'autre contre les envahissements menaçants de la Russie, il serait à craindre qu'elle ne fût entraînée à des actes qui, en lui faisant exercer une influence prépondérante sur les destinées du peuple chinois, auraient pour effet de déplacer le danger qu'on aurait voulu éviter.

» Le droit serait donné à l'Angleterre, qui serait seule à vider cette grande affaire, de s'en approprier tous les résultats. Malgré elle on l'aurait poussée à accomplir en Chine quelque chose de semblable à ce qu'elle a accompli dans l'Inde. Après avoir tiré vengeance des actes sauvages commis à Canton, nous la verrions occuper l'île de Chu-san, à l'entrée du Yang-tsé-kiang, et peut-être Formose, dont les mines de charbon promettent une source abondante de richesses. Ces îles deviendraient sur une grande échelle ce que Hong-kong a été dans ces dernières années, un point d'attraction pour les Chinois industrieux qui fuiraient les désordres auxquels l'affaiblissement journalier du pouvoir des Empereurs donnerait partout naissance. Ces émigrés formeraient promptement une race d'Anglo-Chinois, sujets de l'Angleterre plus que de la Chine, engagés nécessairement dans des conflits de chaque jour avec la vieille population de l'empire, chaque jour invoquant contre l'autorité des mandarins la protection du canon britannique et entraînant ainsi de proche en proche la puissance qui aurait le devoir de les défendre à une guerre de destruction contre la souveraineté impériale, à une conquête dont ils seraient les principaux instruments. Il ne faudrait pas de bien longues années pour que ce prodigieux événement vînt à s'accomplir. Et comment accuser alors l'ambition britannique ? La faute n'en serait-elle pas tout entière à ceux qui auraient forcé l'Angleterre de régler toute seule une affaire qu'elle demande aujourd'hui à régler en commun avec toutes les puissances maritimes [1] ? »

Ces pages, si remarquables à tant de titres, étaient écrites en 1857. Pendant la campagne qui suivit, grâce à notre intervention et à notre présence, l'Angleterre n'a occupé ni Chu-san ni Formose; elle est restée fidèle à son programme, malgré les craintes que lui inspirait la Russie, malgré les immenses avantages commerciaux que lui eût assurés la possession de ces îles. L'empire du Milieu n'a pas été ébréché de ce côté, mais il l'a été vers le nord au delà de ce qu'on pouvait prévoir. Ce n'est plus par des missionnaires que nous connaissons le silen-

---

[1] *La question chinoise*, par M. de Mars. (*Revue des Deux-Mondes*, 1ᵉʳ juin 1857.)

cieux envahissement de la rive gauche de l'Amour.
Le *Journal de Saint-Pétersbourg* a fait connaître à
toute l'Europe qu'une convention, signée par le
général Mouravieff, avait assuré au cabinet de Saint-
Pétersbourg non-seulement le cours du fleuve,
mais tout le territoire qui s'étend au nord, une superficie grande comme la France. C'est par le co-
lonel Martinov, l'un des officiers de la suite du
comte Poutiatine, qu'est arrivée à Paris et à Londres
la première nouvelle du traité de Tien-tsin. Il avait
traversé en moins de deux mois le nord de la
Chine, la Mongolie, la Sibérie, l'énorme distance
qui sépare Tien-tsin des bords de la Baltique. La
rapidité de ce trajet excita peut-être plus d'étonnement que le traité lui-même. On ne se doutait
pas que Saint-Pétersbourg fût si près de Pé-king.
Le traité russe de Tien-tsin stipulait qu'il serait
établi des relais de poste entre Pé-king et Kiachta,
et que les dépêches feraient le trajet en quinze
jours. On ne s'en est pas tenu là. Un fil électrique
sera prochainement établi sur le même parcours.
L'une des dernières malles nous annonçait que le
général Mouravieff, devenu Mouravieff-*Amoursky*,
en souvenir du succès de ses négociations, venait
d'arriver en Chine avec plusieurs ingénieurs, et
qu'après avoir pris possession des nouveaux terri-
toires cédés à la Russie, il allait étudier lui-même
la question du télégraphe destiné à mettre les deux
pays en communication permanente.

A l'heure qu'il est, la frontière chinoise se trouve reportée de deux cents lieues plus au sud ; la moitié de la Daourie est russe, la pointe septentrionale de la Mandchourie est russe, et les flottilles russes, autorisées à naviguer sur les grands affluents de l'Amour, remontent jusqu'à Kirin, dans la province de ce nom ; par l'Oussouri, elles touchent à la Corée ; par le Sungari, elles touchent au Liaotong, et elles peuvent transporter des troupes, au reçu d'une dépêche d'Irkoutsk ou de Nicolaiewsk, à deux cents lieues dans l'intérieur de l'empire. Par le fait, la Russie a donc gagné depuis 1850, c'est-à-dire depuis neuf ans à peine, quatre cents lieues en profondeur. Elle n'est qu'à quelques marches de Pé-king. Demain la Mandchourie tout entière sera russe à son tour ; elle l'est déjà sur les cartes militaires imprimées à Saint-Pétersbourg. « Le golfe du Pé-tchi-li pourrait alors devenir la frontière des czars, et les successeurs de Pierre le Grand et de Catherine II n'auraient plus qu'une crainte à concevoir, celle d'apprendre un jour qu'un autre Pougatscheff s'est levé sur les bords de l'Amour pour leur disputer l'empire [1]. » Et pendant que ce mouvement s'opère du nord au sud, un mouvement analogue se produit de l'ouest à l'est ; des villes populeuses surgissent dans le bassin privilégié du Saint-Laurent de l'Asie. Nicolaiewsk,

---

[1] *Relations de la Russie avec la Chine*, par M. Alexandre Bonneau. (*Revue contemporaine*, 15 juillet 1859.)

que l'escadre française ne rencontra pas en 1855,
et qui ne se composait que de quelques maisons,
est maintenant le siége administratif de toute la
côte orientale, la station de la flotte russe dans ces
parages, le centre d'un commerce déjà considérable; des négociants russes, allemands, américains et chinois ont établi des maisons de commerce à l'abri de ses formidables batteries; entre
Nicolaiewsk et San-Francisco, il existe un service
régulier de paquebots; on y voit arriver des bâtiments de Boston, de Hambourg et de Londres. Un
peu au-dessous de l'embouchure du fleuve, dans la
baie de Castries, près de la ville d'Alexandrovsk,
on va construire un grand établissement naval, un
nouveau Sébastopol. L'île de Tarrakaï, le Terre-
Neuve de l'Amour, un Terre-Neuve de plus de
huit cents kilomètres, appartient aujourd'hui à la
Russie. On y a découvert des gisements inépuisables d'excellent charbon de terre. C'est le premier
chaînon du gigantesque archipel qui se développe
sur une longueur de quinze-cents lieues, de la pointe
méridionale du Kamtchatka à la pointe méridionale
de l'Indo-Chine, de la mer d'Okhotsk au détroit de
Malacca. Par là la Russie touche au Japon, menaçant de déborder par mer cette Asie qu'elle étreint
du côté de terre, au nord et à l'ouest, dans le Tur-
kestan comme dans la Mandchourie, et d'élever sa
puissance maritime au formidable niveau de sa
puissance continentale.

Et qu'on ne croie pas que ce soient là de pures
chimères, des appréhensions sans fondement. J'ai
sous les yeux une lettre russe datée du port de
Wej-Chaj-Wej, dans la mer Jaune, le 13 juillet
dernier. D'après cette lettre, il serait question
d'une nouvelle délimitation de frontières, et la
Chine céderait à la Russie tout le littoral de la Corée,
c'est-à-dire l'entrée même du golfe de Pé-tchi-li.
« On rencontre dans la partie méridionale de ces
côtes, c'est-à-dire sous la même latitude que celle
des provinces du Caucase, un nombre si considérable de baies, qu'il est impossible de trouver sur
aucun point du globe rien d'analogue ou d'équiva-
lent. Le fameux port de Sébastopol et la Corne
d'or dans le Bosphore le cèdent de beaucoup sous
le rapport de la sûreté du mouillage à ces golfes
qui se succèdent à l'infini. Tout autour, le pays
est couvert de forêts vierges qui fournissent des
chênes de trois mètres de diamètre. Les gigantes-
ques échantillons de cette végétation merveilleuse
nous ont saisi d'étonnement et de surprise ; nous
n'avions jamais rien vu de semblable.

» Nul doute qu'un brillant avenir ne soit réservé
à une aussi riche nature, à ces bois centenaires si-
tués à proximité de ces ports magnifiques. Ce
labyrinthe de baies et de golfes, d'îles et de presqu'îles s'appelle le *golfe de Pierre le Grand*, et le
meilleur port a reçu le nom de *Wladiwostof* (domi-
nateur de l'Orient), parce que c'est le berceau de

notre flotte sur l'océan Pacifique, notre point de départ sur cette mer immense, qui n'est fermée ni par les canons du Sund, ni par ceux de Gibraltar ou des Dardanelles ; parce que c'est enfin le commencement de notre domination en Orient. »

A ce péril, quel est le remède ? L'histoire est là pour nous l'enseigner. Au dix-septième siècle un danger pareil menaçait l'Europe. On le vit grandir tous les jours avec les accroissements prodigieux et l'ambition démesurée de la maison de Habsbourg. L'Europe se sentit alors poussée vers une forme d'existence politique qui représentait la confédération des États civilisés du monde moderne. Alors naquit le système d'équilibre basé sur la pondération réciproque des grandes puissances, l'œuvre immortelle du traité de Westphalie.

Plus tard, en plein dix-neuvième siècle, le danger prit une autre forme. L'Autriche n'était plus menaçante, mais la Russie l'était devenue. Elle allait s'emparer de Constantinople. L'Europe intervint encore, et pour opposer une barrière aux successeurs de Pierre le Grand, elle fit entrer l'empire ottoman dans le système politique qui la régissait. Ce fut l'œuvre du traité de Paris.

Ce que l'Europe a fait pour l'Europe, il faut qu'elle le fasse pour l'Asie. Il faut un équilibre asiatique comme nous avons un équilibre européen ; il faut que la Chine entre, elle aussi, bon gré, mal gré, un peu plus tôt ou un peu plus tard,

dans la société des peuples civilisés, et qu'elle en
accepte les obligations, afin de pouvoir à son heure
en réclamer les bénéfices. Pour elle, il s'agit d'être
ou de ne pas être. C'est une autre question
d'Orient qui se prépare aux bords du Pacifique,
sur les rives du Yang-tse-kiang, au lieu de s'agiter
sur le Bosphore, et c'est afin de la prévenir que
l'Angleterre et la France doivent poser dans
l'extrême Orient les bases d'un nouvel ordre de
choses. Un jour peut-être elles s'armeront encore,
non plus pour forcer la main à ce vieil empire qui
s'isole, mais pour placer son intégrité sous la garantie de leur épée [1].

L'intégrité ou le partage dans un temps donné,
l'action commune et énergique des puissances maritimes, ou bien l'accroissement démesuré de la

---

[1] « Complétement effacée sous le rapport commercial, la France
» est donc réduite, dans le nord de la Chine aussi bien que
» dans les provinces méridionales, à un rôle d'observation ; mais
» on peut, — si quelque catastrophe ne vient déjouer tous les
» calculs de la prudence humaine, — prévoir le jour où la Chine,
» entrant dans le cercle de la politique générale, verra son exis-
» tence placée, comme celle de l'empire ottoman, sous la pro-
» tection des grandes lois d'équilibre qui régissent aujourd'hui le
» monde civilisé. La France, ce jour-là, se félicitera de n'être
» point restée étrangère aux affaires de l'extrême Orient et d'y
» avoir développé avec d'autant plus de soin son influence mo-
» rale, qu'elle avait dû renoncer à y asseoir sa politique sur le
» terrain des intérêts matériels. » (*Souvenirs d'une station dans
les mers de l'Indo-Chine*, par l'amiral E. Jurien de Lagravière.
Revue des Deux-Mondes, 15 mars 1852.)

puissance russe entraînant forcément l'établissement de l'Angleterre à Chu-san et à Formose,
en attendant mieux, telle est l'alternative qui se
présente devant nous. Voilà ce qu'il faut voir dans
le grand débat dont la Chine est le théâtre, sous
peine de méconnaître les dangers de l'avenir et
d'un avenir qui n'est pas bien loin de nous. Voilà
pourquoi, indépendamment de la question d'honneur national, il faut que nos ambassadeurs aillent
à Pé-king; voilà pourquoi il faut que nous persé-
vérions quand même, et que nous marchions har-
diment dans la voie que nous avons suivie, la
seule vraie, la seule féconde, la seule digne de
nous.

Un publiciste distingué, l'un des hommes qui
connaissent le mieux l'histoire et les langues de
l'extrême Orient, proposait, il y a longtemps déjà,
de rétablir à Pé-king l'ancienne dynastie chinoise
des Ming, représentée par le prétendant, de ren-
voyer la dynastie tartare dans la Tartarie d'où elle
était venue, en Mandchourie et en Mongolie, et de
l'opposer comme une barrière aux envahissements
de la Russie[1]. Ainsi le demandaient au début nos
missionnaires catholiques. Peut-être maintenant est-
il trop tard. Le mouvement paraît avoir dégénéré,
faute de direction; débordé par des éléments impurs, il s'est stérilisé, comme tout se stérilise en

---

[1] *La question chinoise*, par M. de Rosny, du conseil de la Société asiatique. (*Revue orientale.*)

Chine quand la Chine est laissée à elle-même. Au moins ai-je voulu donner une idée du caractère de cette insurrection. Je l'ai montrée ce qu'elle a été, sinon ce qu'elle est encore aujourd'hui, purement chinoise, luttant contre un élément étranger, l'élément mongol et mandchou; chrétienne à certains égards, quelles que soient les altérations que l'idée occidentale ait pu subir en s'infiltrant dans un milieu si différent; déjà reconnue par l'Angleterre, puisque M. Bonham donnait au prétendant le titre de Majesté; unique enfin dans l'histoire chinoise par ses tendances sans précédents : symptômes manifestes d'une première action de l'Europe sur l'Asie orientale, des sociétés modernes sur une société quarante fois séculaire.

Je n'irai pas plus loin. Mon rôle n'est pas de conseiller les gouvernements; je n'en ai ni le droit ni la prétention. Je me borne à exposer les faits, à indiquer sommairement, en même temps que les grandes querelles qui vont renaître au fond de l'Asie, les intérêts permanents que nous avons à sauvegarder, à appeler sur les uns et sur les autres l'attention trop distraite de notre génération et de notre époque, et à faire des vœux pour que la France, la tête de colonne de la civilisation européenne, ne reste pas en arrière quand tout lui conseille d'intervenir, les dangers de l'avenir, sa place dans le monde, tout, jusqu'aux vieilles prophéties de l'Orient.

Il existe un livre chinois, composé du temps des Yuen, qu'on dit renfermer, sous forme d'allégories, l'histoire des destinées de l'empire. J'emprunte ce fait à M. Callery. Les deux premières pages sont relatives à la dynastie des Ming et à l'avénement des Mandchoux. La troisième doit pronostiquer, sous la même forme, la chute de la maison régnante et les événements qui la renverseront. Un médecin chinois, nommé Lo-sé, l'expliquait en 1853 à un Français résidant à Macao. Posant le doigt sur la page et l'interprétant à sa manière : —Ceci, s'écria-t-il, est transparent comme le fleuve Bleu. Ce sont les Fo-lan-si qui chasseront les Tartares.

— Qui? les Français?

— Oui, oui; les Fo-lan-si, les Fo-lan-si! C'est écrit, et cela arrivera!

La France, c'est l'idée européenne; Hien-foung, c'est la barbarie asiatique. L'idée l'emportera, et le livre aura dit vrai.

FIN.

9 782013 555081